이제, 운 좋았다고
말하지 않을 거예요

《 감 사 하 는   삶 의   이 야 기 》

KB207871

이제, 운 좋았다고 말하지 않을 거예요

《 감사하는 삶의 이야기 》

기획 임승탁
그림 DALL-E
글 강빛나 강선희 김경탁 김명수 김진영 박수은 박옥경 배기철 백충경
   서용연 양선경 윤우용 이수진 이　형 이주현 이종민 임향한 전민아
   정대갑 주상대 최태명 하영주 한근수

"사람은 신이 아니라,
죽음이 자기 앞에 와도 모른다."

살아 있는
이유를 알고
싶은 분께
추천

각종
죽을 고비를
경험해 보신 분께
추천

하나님을
믿고 사는
사람들
필독서

-시몬 손중하

그리스 시대에 이삭이라는 아이가 길가에서 노는데 지나가는 행인이

"아테네 성이 여기서 몇 시간이나 가느냐?"

고 물었다. 그러나 아이는 대답을 않고 쳐다만 보고 있었다. 행인은

"귀가 멀었군."

하며 그냥 지나갔다. 몇 발짝 걸었을 때 아이는 그를 불러서 말했다.

"해지기 전에는 아테네 성에 닿을 수 있겠어요."

행인은 이상하게 여기며 물었다.

"아까 물었을 때는 대답하지 않더니 왜 지나가는 것을 본 후에 대답하느냐?"

아이는 웃으며 대답했다.

"길을 가는 것은 시간의 장단에 있지 않고 걷는 속도에 있잖아요. 아까는

아저씨의 걷는 속도를 모르니까 대답
할 수가 없었지만, 지금은 걸음 속도
를 알게 됐으니까 대답했어요."

하나님 또한 그러하시다.

그리스 시대의 아이 이삭은 목표지
까지 걸리는 시간을 걸음의 속도로 알
려 줬지만 하나님께서는 우리의 삶을
감사의 양과 찬양의 양으로 측정하시고 삶의 속도를 보시고 그에 합당한 삶
의 방향을 말씀으로 주신다. 다만 그것을 알아듣지 못하는 우둔함으로 우리
는 살고 있다. 진행인지 멈춤인지도 모르고 우리는 우리의 삶을 그 우둔함으

로 죽음의 문턱까지 끌고 간다. 말씀으로 알아듣지 못하는 자에게는 더 큰 사고를 당하지 않게 체험을 주시기도 하신다. 구약에서부터 신약에 이르기까지 늘 한 사람 한 사람에게 그에 합당한 말씀을 주셨지만 말씀만큼 따라가지 못했고 지금도 그렇게 우둔함으로 살고 있다.

여기 23인의 형제·자매님들의 경험, 감사하는 삶의 이야기
《이제, 운 좋았다고 말하지 않을 거예요》
그렇다. 우리는 고통의 경험에서 벗어났거나 경이로운 삶이 펼쳐질 때 운이 좋았다고 생각한다. 그러나 그것은 운이 아니라 감사의 대가이며 찬양의 대가이며 알게 모르게 마음속으로 울부짖는 기도의 대가이다.

23인의 형제·자매님들의 경험은 단순한 경험으로 치부할 일이 아닌 듯 싶다. 대단한 축복을 받은 분들이다. 죽음의 길을 주께서 생명의 길로 인도한 것이기 때문이다. 사랑의 손길을 내밀어 주신 덕분이다.

오늘이라는 하루도 하나님이 주신 선물이다. 기도의 대가이고 감사함의 대가이며 찬양의 대가이다. 그 선물을 단순히 내 것으로만 생각하지 말자. 주께 먼저 감사와 찬양과 기도로 돌려드리고 쓰자. 그러려고 죽음의 길에서

다시 인도하시어 새 생명을 주셨다. 구원받고 최선을 다하여 감사함으로 살아가시는 23인의 형제 · 자매님께 늘 주님의 은총이 있기를 기도하며 그 축복된 삶을 이웃에게 아름다움으로 펼쳐 내시어 하늘의 뜻이 이곳에 이루어지기를 소망한다.

2024. 3. 시몬 손중하

이것이 나의 간증이요
이것이 나의 찬송일세…

'이야기'가 갖는 힘은 실로 크다.
생각을 바꾸고 행동을 변화시킨다.
그래서 "사연이 중하다."

서로 다른 이야기들이
"이것이 우연이 아니었고 오직 하나님의 은혜"였다고 일관되어 있다.

"인생들 누구나 한 명 예외 없이 하나님께서 수십 번 수백 번 죽을 고비에서 살려주셨다. 이를 알고 감사하는 것이 신앙의 기본이다."

말씀처럼, 사연을 잊는 것이 신앙에서는 또 다른 죽음이다.

'우연'인지 '은혜'인지 판단은 여전히 저마다의 몫으로 남겠지만, '우연'으로 생각하는 사람과 '은혜'로 알고 감사할 줄 아는 사람의 삶은 완전히 달라질 것이 분명하다.

"이제, 운 좋았다고 말하지 않을 거예요"

　우리 인생에서 겪는 순간순간은 때로는 미묘하고, 때로는 극적입니다. 그중에서도 죽음의 문턱을 넘나들던 경험은, 인간이 겪을 수 있는 가장 극한의 순간 중 하나입니다. 이 책은 그런 순간들을 경험하고, 그 이후의 삶을 하나님께 감사하는 마음으로 살아가는 사람들의 이야기를 담았습니다.

　"이제, 운 좋았다고 말하지 않을 거예요." 이 말은 이 책에 등장하는 모든 이들의 공통된 신념을 담고 있습니다. 그들은 자신의 생존을 단순히 운의 결과로 보지 않습니다. 그들에게 있어, 죽음의 순간에서 살아남은 것은 운이 아니라, 생명의 구원자이신 하나님이 그들을 지켜주셨기 때문입니다. 이 책을 통해, 우리는 인간 존재의 가장 극적인 순간들을 통해 하나님의 구원의 손길을 느낄 수 있습니다.

　각 장에서는 죽음과 직면했던 순간, 그리고 그 이후의 삶을 살아가는 방식에 대한 개인적인 이야기들을 소개합니다. 이 이야기들은 다양한 배경, 나이, 그리고 경험을 가진 사람들에 의해 전달됩니다. 그러나 모든 이야기는 한 가지 공통점을 가지고 있습니다: 하나님에 대한 깊은 감사의 마음과 삶에 대한 새로운 시각.

이 책은 단순히 살아남은 사람들의 이야기를 넘어서, 우리 모두에게 깊은 영감을 주고, 삶과 죽음, 그리고 그 사이에서 신앙에 대해 다시 생각해 볼 기회를 제공합니다. 우리가 일상에서 마주치는 어려움이나 고난조차도, 하나님의 무한한 사랑과 보호 아래에서는 새로운 의미와 목적을 가질 수 있음을 상기시킵니다.

"이제, 운 좋았다고 말하지 않을 거예요."라는 말은 이제 우리의 삶에서 하나님의 역할과 존재를 인정하는 강력한 선언이 되었습니다. 이 책을 통해, 독자 여러분도 자신의 삶 속에서 하나님의 손길을 발견하고, 창조주 하나님께 진심으로 감사하는 마음을 키워가시길 바랍니다.

2024. 3. 16.(토)

우리는 모두 삶의 불확실성 속에서도 하나님이 우리를 인도하는 빛을
따라 걸어가고 있습니다. 때로는 우리의 길이 완전히 어둡고 혼란스러워
보일 수도 있지만, 결국에는 그 빛이 우리를 하나로 이끌고,
서로가 서로를 발견하게 합니다.

[목차]

제1장

죽음의 문턱에 섰다가 돌아온 군대 생활

제2장

교통사고에서 살아난 사연

제3장

건강의 소중함을 느낀 순간들

제4장

운 좋았다고만 말하기엔 충분하지 않은 이야기

제1장

죽음의 문턱에 섰다가
돌아온 군대 생활

"죽음의 문턱에서 진정한 생명의 가치를 깨닫고,
그곳에서 우리는 성장을 경험하고 삶의 의미를 찾아낸다."

1. 허상의 길 위에서

– 임향한 장로

———————— 허상의 성공 길 앞에서 나를 잃어버렸습니다. 나의 20대 삶은 많이 아팠습니다. 나는 남들이 말하는 성공 길을 걸어가 보려다가 20대 청춘을 제대로 살아보지도 못하고 하마터면 죽을 뻔했습니다. 그 성공 길은 허상이었고, 추락하는 길이었어요. 남들에게는 아닐지 모르지만 적어도 나에게는 어울리지 않는 옷과 같았습니다.

20대 어느 날 저녁, 나는 차량들이 씽씽 달리는 2차선 도로 위에 술에 만취되어 정신을 잃고 쓰러져 있었습니다. 하늘을 지붕 삼고 도로를 침대 삼아 어둠의 이불 속에서 편안히 잠을 자고 있었는지 모릅니다. 나의 편안한 잠을 방해하지 않으려는 듯이 많은 차량들이 나를 피해 다녔습니다.

어떤 차들은 나의 잠자리를 방해라도 하려는 듯이 굉음을 내기도 했지만, 다행히도 도로에 쓰러져 자고 있는 내 앞에서 급정지를 했습니다. 그리고 잘도 피해 갔습니다. 마치 도로에 죽어 쓰러져 있는 고라니나 고양이를 피해 가듯 소스라치게 놀라며 지나갔습니다.

아니 동물이라고 생각했음이 분명합니다. 그렇지 않고서야 사람이 도로에 쓰러져 있는데 그냥 갈 수 있단 말인가요? 물론 끔찍하고 무서운 생각에 멈출 생각도 못 했을지 모릅니다. 감당할 수 없는 상황에 대한 의도적 회피를 선택했는지도 모르겠습니다. 가끔 TV에서 보게 되는 목숨 걸고 생명을 구하는 의인은 없었으니까요.

그 수많은 차량 중에서 도로에 쓰러져 있는 나를 보지 못하고 그냥 지나갔던 차량이 한 대라도 있었다면… 나는 죽고, 그 운전자는 교통사고로 한 사람을 죽였다는 고통 속에서 평생을 살아가게 되었을 것입니다. 생각하기도 싫은, 아니 잊을 수 없는 끔찍한 순간이었습니다.

한 청춘을 불쌍히 여겨서 생명의 주관자 되시는 하나님이 도와주셨습니다. 평생 감사하며 사랑하고 살지라도 어찌 다 갚을 수 있을까요? 나 자신의 죽음을 앞에 두고 벌어졌던 순간들을 기억할 때, 눈물샘은 세상 밖으로 눈물을 내보내지 않았어요.

오직 마음속 깊은 골짜기를 따라 흘려보내고 있었습니다. 그것도 뜨거운 눈물을. 용광로처럼 뜨거웠어요. 그 무엇이라도 녹여버릴 것 같은 온도, 내 육신이 녹아서 사라져 버릴 것만 같았죠. 어쩌면 그러고 싶었는지도 모릅니다. 부끄러움과 수치심, 창피함 등의 온갖 부정적인 감정들이 충돌해 가며 눈물 온도를 최고로 끓게 만들었어요. 이 순간 어디선가 들려오는 소리가 있었습니다.

> '물이 끓다가 수증기로 사라지고 말듯이 이렇게 허망한 순간을 위해 나는 그토록 힘겹고 어려운 삶의 길을 걸어왔단 말인가? 이대로는 안 된다. 이대로 죽을 수는 없다. 이렇게 살다가는 정말 안 된다. 살고 싶다. 좋은 날을 보고 싶다. 그날을 보기 위해 이제껏 참아왔는데.'

인내하고 포기하며 걸어왔던 삶을 보상이라도 받고 싶었습니다. 한밤중에 도로에 누워있는 내 육신을 바라보는 내 영혼의 서글픈 소리였습니다. 내 영혼의 소리를 들었을까요? 감사하게도 죽음의 순간을 가까스로 모면하고 있던 나를 누군가 발견하고 구해 주었습니다. 함께 근무했던 10여 명의 사람들과 술을 마셨던 그 음식점 사장님이었습니다.

정신을 차리고 다음 날에 나를 구해 준 분을 찾아가서 생생한 상황 설명을 듣고서야 알 수 있었던 사실입니다. 사장님이 음식점 정리를 마치고 문을 닫고 집으로 가려고 나왔을 때였습니다. 차량들이 급정지를 했다가 가는 모습에 궁금해서 가보니 어떤 사람이 상반신을 도로 위로 향한 채 쓰러져 있었다고 해요. 자세히 보니 식당 손님 중 한 사람이었고 어디에 근무하는지 알아서 데려다주었다고 했습니다.

그 술자리에 함께했던 그 누구도 나를 챙겨주지 못했고 자기 몸 하나 챙겨 각자의 길을 가버렸습니다. 나만 홀로 나를 잃어버린 채 죽음의 길로 가고 있었던 것이죠. 내 인생인데 타인의 설명으로 찾아낸 죽음의 시간이었습니다. 그렇게 나는 청춘의 꿈도 펼쳐보지 못하고 죽을 뻔했던 아찔한 순간에서 살아났습니다. 이제는 압니다. 살아 있는 것 자체가 얼마나 큰 기쁨이요 행복인가를.

성공하려면 '남자는 술을 잘 마셔야 한다'라는 말에 내가 감당도 할 수 없는 어리석은 짓을 하고 있었던 것입니다. 성공하려다가 성공은커녕 죽을 뻔한 것이죠. 그때 알았어요. 이런 성공 길은 내가 갈 길이 아니라는 것을. 남들이 말하는 성공 길이 아닌 나에게 맞는 성공 길, 나에게 열려 있는 성공 길을 찾고 싶었습니다. 그 길이 고속도로가 아니어도 좋았습니다. 나만의 안전하고 편안한 숲속 오솔길은 어디 있을까요?

행복한 성공을 향한 발걸음

이 사건 이후로 나는 다시는 추락하지 않으려고 노력했습니다. 그렇지만 그것이 쉬운 것은 아니었어요. 좌충우돌하며 배웠습니다. 죽음의 고비에서 살아난 나로서는 '행복한 성공'을 이루고 싶었습니다. 그러나 행복한 성공이라는 목표를 향해 가는 동안 나를 무너트리려고 하는 각종 유혹들로부터 나를 지켜야 했죠. 그래서 그것들 앞에 단호해졌습니다.

오직 나를 목표까지 안전하게 이끌어 줄 것에 투자했습니다. 독하게! 중간에 포기하고 싶은 위기의 순간도, 아픔의 나날도 많이 있었지만, 오직 목표를 보고 갔습니다. 눈물도 많이 흘렸습니다. 밤을 지새운 적도 많았어요.

아픈 만큼 성숙해졌을까요? 그런 과정을 거치며 미생인 20대 청춘의 삶을 누가 이끌어 주느냐가 얼마나 중요한지 알았습니다. 20대에 제대로 방향을 잡지 못하면 30대 이후는 방황이에요. 다행히 나는 큰 깨달음을 통해 방향을 잡을 수 있었습니다. 무엇보다 불확실한 인생길에서 인간의 한계를 깨닫고 전능자 하나님의 보이지 않는 손길이 늘 함께했기에 내가 존재하고 있음을 알았습니다. 아픈 만큼 성장해서 다행인 50대가 되어 이제는 하나님께 감사하며 살아갈 수 있어서 얼마나 기쁜지 모릅니다. 죽음의 문턱에서 구해 주신 하나님, 감사합니다.

'이대로 죽을 수는 없다. 이렇게 살다가는 정말 안 된다. 살고 싶다.
좋은 날을 보고 싶다. 그날을 보기 위해 이제껏 참아왔는데.'
내 영혼의 소리를 들으시고 더 늦기 전에 사람을 통해 구해 주신
하나님의 크고도 높은 사랑을 깨달았습니다.

임향한

인생의 발자취를 글로 남기며 그 글이 누구에겐가 선한 영향을 미치길 희망하며 배움을 나누며 살고자 하는 50대 남자입니다.

2. 자살 직전 들린 음성

- 최태명 장로

1985~86년도 군대에서 있었던 일입니다. 21살 부산수산 대학교 2학년 1학기를 마치고 군 입대를 하였습니다. 부산 김해 출신이 논산 훈련소에서 훈련을 마치고 경기도에 있는 보충대에서 2주 훈련 후 연천군에 위치한 부대의 경비소대에 배치되어 복무 중이었습니다.

지금의 군대는 상호존중하는 병영문화로 개선이 되었지만, 내가 복무할 때는 참 힘들었습니다. 야간 정문 위병소 근무 중에 평소에 괴롭히던 선임이 그날도 어김없이 나를 갈구고 있었습니다. 3명이 근무를 서는데 나는 이등 병 막내라며 밖에 세워놓고 고참 2명은 따뜻한 위병소 안에서 난롯불을 쬐 면서 제정신으로는 들을 수 없는 말을 했습니다.

"가방끈 긴 새끼 사회에서 뭐하다 병신같이 행동하냐? 똑바로 정신 차려! 키만 컸지 제대로 하는 게 없어~ 너 낳고 네 엄마가 미역국은 끓여 먹었을 거 아냐~ 에이휴, 미역국이 아깝다. 이 자슥아. 똑바로 해! 멍청한 ××……."

멈출 줄 모르고 끝없이 뱉어내는 고참의 모욕적인 소리에 정신이 너무 괴로웠습니다. 그래도 군 입대 전에는 학교에서 여러 대표직도 맡아서 능력 있고 똑똑하고 일 잘한다는 얘기는 많이 들었는데, 군대에 오니 이런 비참한 소리를 듣는 바보가 되어 있었습니다. 그런데 하필 그때에는 전방에 비상이 자주 걸려서 다들 예민해져 있고, 실탄과 수류탄도 지급받았기에 마침 잘 되었다 싶었습니다. M16 소총에 탄창을 결합하고 1발을 약실에 조용히 밀어 넣고 안전장치까지 풀고는 '어떻게 할까?' 고민하다가 '저놈을 쏴 죽이고 탈영을 할까, 아니면 나도 같이 죽어 버릴까?' 총구를 내 턱밑에다 놓고 한 손가락은 방아쇠에 살며시 올려놓고 1단까지 당겼습니다. 조금만 더 힘을 주면 내 머리통은 날아가는데 정말 죽기 쉽구나 하는 생각이 들었습니다. 내가 죽으면 슬퍼하실 어머님 생각도 났습니다. 짧지만 내가 살아온 인생이 필름처럼 지나갔습니다.

그런데 그때 "앞으로 좋은 날이 많다." 하는 음성이 들렸습니다. 아니 머릿속에서 이런 생각이 들었다는 표현이 맞을 것 같았습니다. '그렇지! 맞아! 잠깐의 군대 생활에 비하면 남은 내 인생에 얼마나 좋은 일들이 많을까?' 하고 좋게 생각이 들면서 방아쇠에서 손가락을 빼고 실탄을 원위치시켜 놓았습니다. 조금 후 고참이 들어오라고 중고참과 교대시켜 주어서 들어갔습니다. 라면을 끓여서 먹으라고 하며 고참도 웃는 얼굴로 말했습니다. "더 잘하라고 잔소리하는 거야. 추운데 고생했다. 맛있게 먹어." 그렇게도 죽도록 밉던 사람이 마음이 녹으면서 좋고 따뜻한 형처럼 느껴졌습니다.

지금도 그때 생각하면 아찔하고 정말 철없는 행동이었다고 생각합니다. 그 이후 진실된 신앙생활을 하면서 하나님과 성령님께서 생각을 넣어 주셔서 극단적인 선택을 하지 않도록 지켜주셨다는 것을 깨닫게 되었습니다.

할렐루야! 성삼위 하나님, 감사합니다.

내가 죽으면 슬퍼하실 어머님 생각도 났습니다.

짧지만 내가 살아온 인생이 필름처럼 지나갔습니다.

최태영

충남 금산에서 인삼식품업 및 판매숍을 운영 중이며, 하나님의 영적 최첨단 예술과 문화를 부흥시켜 세상에 널리 알리는 데 보탬이 되는 삶을 추구하고 있습니다.
현, 자연인삼 대표 및 CRS news 금산 본부장

3. 60트럭과 함께 사라질 뻔

– 최태명 장로

─────── 1986년 부대 영내 생활은 대체로 단조롭고 무미건조한 일상으로 채워져 있었습니다. 가끔씩 집합이나 구타 문화가 이어지면, 긴장감이 고조되어 마음적으로 힘든 시간을 보내기도 했습니다. 그러나 대민지원 활동으로 외부에 나가게 될 때의 기쁨은 이루 말할 수 없었습니다. 농사일을 도와주며, 찰밥과 막걸리를 맘껏 즐기고, 지나가는 여자들을 보는 것만으로도 가슴이 설레는 순간들이었습니다. 이러한 활동은 단지 나뿐만 아니라 모든 부대원에게 큰 기쁨을 주었으며, 모두가 외부 활동을 좋아하게 되었습니다.

어느 날, 부대원 5~6명은 특별한 목적지 없이 60트럭에 탑승해 외부로 나섰습니다. 예상과 달리, 우리는 마을이 아닌 산골짜기 깊은 곳으로 들어서게 되었습니다. 목적지에 대한 정보가 없어 그저 따라가야만 했습니다. 어느 정도 이동한 후, 차량이 돌아서기 시작했습니다. 이유는 몰랐습니다.

차량 뒷부분에 탑승할 때 고참들은 자리를 끝에 배치하고, 우리는 비교적 안전한 안쪽에 앉아 있도록 했습니다. 절벽 길을 지나는 중, 트럭의 뒷바퀴 하나가 벼랑에 기울면서 위험한 상황이 발생했습니다. 고참의 즉각적인 반응으로 "뛰어내려!"라는 지시가 내려지고, 고참이 제일 먼저 차량에서 내렸습니다. 그 뒤로 안쪽에 앉아 있던 병사들도 차례대로 뛰어내렸습니다. 다행히 차량은 더 이상 굴러 내려가지 않고 그 자리에서 멈춰 섰습니다. 얼마나 다행인지 모릅니다. 지금 생각해도 정말 끔찍한 순간이었습니다. 우리는 모두 힘을 합쳐 차량을 밀어 올리고 무사히 부대로 복귀할 수 있었습니다.

고참은 후임들을 안전하게 배려하는 것이 선임의 역할이며, 위험한 상황에서 제일 먼저 대처하는 위치에 있어야 한다고 강조했습니다. 이를 통해 선임들의 경험과 지혜가 얼마나 중요한지 깨달았습니다. 반면, 위기 상황에서 탑승 위치상 선임들만이 탈출하고, 경험이 부족한 이등병들이 위험에 처할 수 있다는 사실을 생각하니 분노가 일기도 했습니다. 이 사건은 나도 빨리 고참이 되어 안전을 책임지는 바깥쪽 끝자리에 앉아야 한다는 결심을 하게 했습니다.

다행히 경사진 산길에서 차가 굴러떨어지지 않도록 신의 큰 손으로 붙잡아 주셨던 성삼위 하나님께 감사드립니다. 신앙생활을 하면서 하나님께서 항상 우리를 보호하시고 계시다는 것을 알게 되었습니다. 만약 이러한 신앙이 없었다면, 이러한 보호와 감사를 전혀 느끼지 못하고 살았을 것입니다. 군 생활 중 겪은 죽음의 위기에서 구해 주신 성삼위 하나님께 모든 영광을 돌립니다.

경사진 산길에서 차가 굴러떨어지지 않도록

신의 큰 손으로 붙잡아 주셨던 성삼위 하나님께 감사드립니다.

최태명

충남 금산에서 인삼식품업 및 판매숍을 운영 중이며, 하나님의 영적 최첨단 예술과 문화를
부흥시켜 세상에 널리 알리는 데 보탬이 되는 삶을 추구하고 있습니다.
현, 자연인삼 대표 및 CRS news 금산 본부장

4. 죽음의 그늘을 벗어나

- 이종민 장로

1981년 1월, 21살 젊은 나이에 군복을 입고 백마부대 포병 연대에 배치된 나는 삶의 새로운 도전과 맞닥뜨렸습니다. 내가 생활하게 된 막사는 월남전에서 돌아온 병사들이 사용하던 곳이었습니다. 막사 내부 천장 곳곳에는 수리 흔적이 보였는데, 이는 전쟁터에서 귀환한 병사들의 험악하고 예민한 성정으로 인해 서로 다투면서 천장을 향한 총탄 발사로 이어졌던 결과였다고 합니다.

그런 이야기를 들은 신병들은, 당연히, 긴장의 끈을 놓을 수 없었습니다. 그래서일까요? 포대 내 생활은 공포 그 자체였습니다. 고된 일과 생활, 그리고 보초근무 시 이유 없는 구타 등 직속 고참 김OO 일병의 무자비한 군기

잡기는 내 정신을 지치게 만들었습니다.

그러나 우리 포대가 전술 훈련에서 선봉포대로 뽑히며 일어난 사고는 모든 것을 바꿔놓았습니다. 대대에서 행사간 포상을 받기로 되어 있어 행사에 참석할 25명을 키 순서대로 선발했는데, 나는 전입한 지 1~2개월밖에 되지 않아 행사 병력에 선발되지 않았습니다. 선발된 병력을 태운 트럭(월남전 때 사용하던 M602트럭으로 105밀리 포를 달고 다니는 포차로 사용했습니다) 이 대대본부 정문을 얼마 앞두고 브레이크가 고장 난 민간시내버스와 거의 정면충돌하였습니다.

'2명 사망, 2명 의가사 제대'

운전병 임OO 상병은 즉사했고 차량 뒤에 타고 있던 김OO 일병은 M16 총열이 오른쪽 뺨에서 왼뺨을 통과해서 국군수도통합병원으로 후송되었습니다. 그러나 안타깝게도 후송된 지 2일 만에 사망하였습니다.

그토록 전우들을 괴롭히던 김OO 일병과 임OO 상병은 한순간 비극적 운명을 맞이하고 말았습니다. 그 순간, 나의 삶은 무엇이 진정 중요한지에 대한 깨달음으로 가득 찼습니다.

이런 비극적인 참사를 겪고도 포대의 분위기는 변함없이 험악했습니다. 취침 전 거의 매일 포상 집합과 얼차려, 구타는 탈영하고 싶은 마음만 더욱 강하게 했습니다. 그러나 입대 6개월 후 일병으로 진급하면서 주특기가 변경되었고, 결국 수송부로 이동하게 되었습니다. 수송부는 임OO 상병에 의해 심심하면 자행되었던 구타 등 심한 괴롭힘을 당하고 있었으나, 임 상병의 사망으로 사라지게 되었습니다.

그 당시, 나는 교회나 하나님에 대해 무지한 상태였지만, 하늘이 강력하게 나의 생명을 보호하시고 지켜주셨다는 것을 뒤늦게 깨닫게 되었습니다. 만일 포대 전입 후 행사 참석 30명 중 한 명으로 선발되었더라면 버스와의 충돌 사고에서 죽었을지 모릅니다. 그리고 수송부로 전출 갔을 때 각종 가혹 행위가 지속되고 있었다면 내 성격상 힘든 군 생활을 이겨내지 못하고 100% 탈영을 했든지, 아니면 보초근무 시 실탄이 장전된 M16 소총으로 나를 괴롭히던 병사를 100% 죽이고 나도 죽었을지도 모릅니다. 이렇게 내 인생은 지옥이 되었든지 죽었든지 했을 것입니다.

뒤늦게 하늘이 나의 삶을 지켜주셨음을 느끼며, 나는 하늘의 은혜에 더욱 깊이 감사하게 되었습니다. 군 생활 중 겪은 여러 위험에서 벗어날 수 있었던 것도 모두 하늘의 보호 덕분이었습니다.

이런 군 생활을 통해, 나는 인생의 가장 어두운 순간들 속에서도 빛을 발견할 수 있었습니다. 특히, 29살에 지금의 목사님을 만나며 들은 말씀은 나에게 큰 변화를 가져다주었습니다. 나와 같은 죄인을 하나님의 역사로 인도해 주신 하나님의 은혜에 감사합니다.

백마부대에서의 삶, 그리고 그곳에서 겪은 시련들은 나를 더 강하게 만들었으며, 하나님을 향한 믿음의 길로 인도했습니다. 이제 나는 그 모든 순간을 통해 배운 교훈을 가슴 깊이 새기며, 사랑하는 하나님께 영원한 감사를 올립니다.

만일 포대 전입 후 행사 참석 30명 중 한 명으로 선발되었더라면

버스와의 충돌 사고에서 죽었을지 모릅니다.

이종민

금산 시골에서 어르신들 방문사회복지사 활동을 하면서 틈틈이 무농약 농법도 연구하고
AI가 판치는 세상에도 살아남을 수 있는 생각으로 돈 버는 방법을 끊임없이 탐구하고 있
습니다.

5. 군기 빠진 운전병의 음주운전

- 이종민 장로

——————— 고참 병장 때 있었던 일입니다. 한여름의 태양이 나의 등을 불사르는 날, 나는 훈련장으로 향했습니다. 마음속 깊은 곳에서, 이번 훈련이 단순한 루틴을 넘어서는, 진정한 시련이 될 것을 예감했습니다. 군기가 다소 느슨해진 상황에서, 훈련의 피로를 달래기 위해 안줏거리와 포도주를 포차 운전석 사물함에 넣어 몰래 가져갔다는 사실은, 나의 마음 한편을 불안하게 했습니다.

훈련이 한창 진행되던 중, 나는 포차의 운전병으로서 한 진지에 포를 박아놓고 포차를 뒤로 빼서 신속히 위장망을 치고, 나뭇잎과 가지로 위장을 마치니 고참 포차 운전병으로서 크게 할 일이 없어서 잠시의 여유를 가졌습니다. 포차에서 대기하며 다음 이동 명령을 기다리는데 슬그머니 포도주가 떠올랐고, 시원한 그늘에서 혼자 조용히 포도주로 목을 축이기 시작했습니다. 이 순간의 평온은 얼마 가지 못했습니다. 갑작스러운 진지 이동 명령이 내려오면서 깨지고 말았습니다.

급히 포를 달고 3포 반원들 5명을 적재함에 태웠습니다. 하나 포, 둘 포, 삼포 순으로 15미터 높이의 비포장 경사 커브 길을 힘차게 액셀을 밟으며 올라갔습니다. 정상에 거의 다 올라갔는데 옆자리에 선탑한 최 상병이 갑자기 큰소리로 외쳤습니다. "이 병장님~!" 내가 잡고 있는 운전대를 자기 쪽으로 급하게 한 바퀴 정도 잡아 돌리는 것이 아닌가! 최 상병이 순간적으로 운전대를 잡아 돌려 위기를 모면했습니다. 그제야 나는 정신을 차리고 '내가 포도주에 취했구나' 하고 자각한 후에야 정신 차리고 다음 진지로 안전하게 이동할 수 있었습니다.

사고 직전의 순간, 하나님께서 옆자리 최 상병의 손으로 포차 핸들을 원위치로 잡아 돌려주지 않았더라면 아마 100% 그 무거운 105밀리 포와 함께 15미터 절벽 밑으로 굴러떨어졌을 것입니다. 그 결과는 참혹했겠죠. 나와 최 상병은 물론 뒤쪽 적재함에 타고 있던 친하게 지냈던 3포 반원들 모두는 죽었을 겁니다. 죽어서도 죄인이 되어 살 뻔한 그때를 생각하면 지금도 아찔합니다. 이처럼 죽음에서 건져주신 하나님의 이 크신 은혜를 단순히 운이 정말 좋았다고 할 수는 없습니다. 생명의 은혜를 영원히 찬송할지로다. 아멘.

포차에서 대기하며 다음 이동 명령을 기다리는데 슬그머니 포도주가 떠올

랐고, 시원한 그늘에서 혼자 조용히 포도주로 목을 축이기 시작했습니다.

운전병으로서 상상할 수 없는 정말 군기 빠진 행동이었죠.

내가 태운 부대원을 모두 죽일 수도 있었으니까요.

이종민

금산 시골에서 어르신들 방문사회복지사 활동을 하면서 틈틈이 무농약 농법도 연구하고 AI가 판치는 세상에도 살아남을 수 있는 생각으로 돈 버는 방법을 끊임없이 탐구하고 있습니다.

6. 죽음이 도사리는 DMZ에서

– 김경탁 목사

스위스 제네바에 기반을 둔 민간 기구인 국제지뢰금지운동(ICBL)의 보고에 따르면, 한반도 DMZ 일대에만 약 200만 발의 지뢰가 매설되어 있다고 합니다. 이는 1평방미터당 대략 2.3개의 지뢰가 땅속에 숨겨져 있음을 의미하며, 이는 지뢰 밀도 면에서 세계 최고 수준입니다. 이러한 수치는 DMZ 일대에서의 활동이 얼마나 위험한지에 대한 심각성을 잘 보여줍니다. 특히 위험한 것은 '미확인 지뢰지대'가 많아서 DMZ 일대에 매설된 지뢰 숫자를 정확히 파악할 수 없다는 것입니다. 안전을 위협하는 심각한 이슈입니다. 가끔 언론 보도를 통해 알 수 있듯이 지뢰로 인한 인명 피해는 지금도 발생하고 있으니까요.

나도 그런 위험지역에서 군 생활을 했습니다. 1984년의 뜨거운 여름, 나는 군에 입대하여 보병 5사단 최전방 GOP에서 근무하게 되었습니다. 군 생활이 한창이던 어느 날, DMZ 내에서 잡목 제거와 주변 정리 작업을 수행하라는 명령이 내려왔습니다. 작업은 중대 병력을 동원해 약 3일간 진행될 예정이었고, 지뢰와 같은 치명적인 위험이 우리를 둘러싸고 있었습니다. DMZ에서 고라니가 뛰어다니다 지뢰가 터진 사건들을 들은 적이 있어, 우리의 걱정은 그저 이론적인 것만이 아니었습니다. 자연스러운 생태계 일부분조차도 이러한 위험으로부터 자유롭지 못하다는 사실은 우리의 긴장을 한층 더 고조시켰습니다. 또한, 잡목 제거 작업 중 나무를 베어내는 과정에서 무심코 지뢰가 매설된 곳으로 나무가 쓰러질 경우, 그 충격으로 지뢰가 터질지도 모른다는 두려움이 우리의 마음을 사로잡았습니다.

이런 우려 속에서도, 우리는 각별한 주의를 기울이며 한 걸음 한 걸음을 내디뎠습니다. 불안과 공포는 우리의 발걸음을 조심스럽게 만들었고, 서로의 안전을 위해 최선을 다하는 가운데, 끈끈한 동료애가 형성되었습니다. 우리는 지뢰의 위협이 도사리는 땅 위를 걸으며, 서로를 격려하고, 각자의 임무에 집중했습니다. 놀랍게도, 우리는 모든 위험을 무사히 극복하고, 작업을 성공적으로 마쳤습니다. 이러한 고비를 넘기며, 우리는 단순히 임무를 완수한 것 이상의 깊은 결속감과 자긍심을 느꼈습니다.

당시 연대에서는 작업 중 사고 발생을 예상하며, 일정 비율의 사상자가 발생할 것으로 예상했습니다. 이러한 예상에도 불구하고, 우리 중대는 하나님의 보호 아래 한 사람의 부상자도 없이 작업을 성공적으로 완료할 수 있었습니다. 작업을 마친 후, 이는 분명 신의 뜻이었음을 깨달았습니다. DMZ 내에서의 작업은 언제든지 지뢰를 밟을 위험이 있었고, 이는 대규모 사상자로 이어질 수 있는 매우 위험한 상황이었습니다.

또한, DMZ는 북한의 시야에 노출된 지역이기 때문에 총격 사건의 위험도 상존했습니다. 그러나 하나님의 도움으로 우리는 이러한 위험을 무사히 넘길 수 있었습니다.

이제 꿈을 꿔 봅니다. 죽음이 도사리는 땅이 아닌 평안과 행복이 깃든 DMZ를 죽기 전에 걸어보는 꿈을요.

자식이 무슨 일을 하든지 늘 쳐다보며 보호하듯이,
특히 위험한 상황에 놓이면 더욱 긴장하며 쳐다보고 관리하는 부모님처럼,
언제 사상자가 발생할지 모르는 급박하고 위험한 상황에서
더 쳐다보시는 하나님임을 느낍니다.

김경택

현재 건축예술가로서 활동하고 있습니다. 농사도 짓고 있어요. 하루하루 삶을 성실하게 자기 일에 충실히 살아가고 있어요. 남에게 피해 주지 않고 목표를 향해서 전진하는 인생을 살아가는 삶을 추구하죠.

제2장

교통사고에서
살아난 사연

"위기의 순간마다 우리를 지키는 보이지 않는 힘이 드러난다."

1. 순간 졸음이 밀려오더니

– 전민아 권사

내 인생은 하나님의 말씀, "전도하면 원하고 바라는 것을 이루어 주신다"에 깊은 믿음을 두고 시작되었습니다. 이 믿음을 가지고 20년의 기도 끝에, 부모님을 하나님 앞으로 인도하는 놀라운 기적을 경험했습니다. 또한, 직장 동료와 고등학생 제자까지, 하나님께서 준비하신 상황 속에서 네 명을 전도의 길로 이끌었습니다.

오랜 시간 동안 가족과 떨어져 지내야 했던 아픔도, 대전으로 직장을 옮기며 해결되었습니다. 함께할 수 있는 삶, 그 자체가 얼마나 큰 축복인지 새삼 깨달았습니다. 이러한 기도 응답의 연속을 목격한 친정 부모님도 하나님의 섭리를 더욱 깊이 신뢰하게 되셨습니다.

그 신뢰와 사랑을 바탕으로, 나는 교회 목사님과 더 가까이에서 시간을 보내기를 원했습니다. 그 마음을 따라 새로운 보금자리를 마련하고 이사했습니다. 이 새로운 시작은 나에게 또 다른 인생길을 걷게 하였습니다.

집 이사와 멀어진 출퇴근 길, 남편 허리 디스크 등으로 평소 운동을 멀리하던 나에겐 감당하기 힘겨웠던 것 같습니다. 일상은 점점 더 버거워지기 시작했습니다. 특히, 멀어진 출퇴근 길은 매일의 작은 여정처럼 느껴졌습니다. 2014년 7월, 기말고사의 서술형 채점 작업으로 눈은 몹시 피로해져 있었습니다. 그날 저녁, 집이 얼마 남지 않았다는 안도감으로 운전대를 잡고 있었습니다. 그런데, 그 순간 졸음이 밀려왔고, 차는 중앙선을 넘어 반대 차선을 지나며 벽을 박고 전복되는 사고로 이어졌습니다.

사고의 기억은 전혀 남아 있지 않습니다. 오직 블랙박스 영상으로 그 순간을 확인할 수 있었는데, 바로 반대 차선으로 다가오는 차량과의 충돌을 피한 것만으로도 감사할 따름이었습니다.

구급차 안에서 나를 깨우는 소리와 주변이 하얀 안개 같은 장면만 생각이 날 뿐······. 그 순간의 혼란 속에서도, 무언가 더 큰 힘에 의해 지켜진 것 같은 느낌을 받았습니다.

그날 저녁 코뼈 골절로 피를 흘리고 있는 나를 119에 연락한 이름 모를 인천사와 도우신 천군 천사와 하나님께 진정 감사드립니다. 만약 그때 사고로 죽었으면 지금의 행복한 삶을 영위하지도 못하고 생을 마감할 뻔했습니다. 정말 끔찍합니다.

나와 가족을 지켜주신 하나님과 성령님의 사랑에 진실로 감사드립니다.

2014년 7월, 기말고사의 서술형 채점 작업으로 눈은 몹시 피로해져 있었습니다. 그날 저녁, 집이 얼마 남지 않았다는 안도감으로 운전대를 잡고 있었습니다. 그 순간 졸음이 밀려왔고, 차는 중앙선을 넘어 반대 차선을 지나며 벽을 박고 전복되는 사고로 이어졌습니다.

전민아

중학교 35년 재직한 퇴직교사이며, 하늘 사연이 있는 감동의 삶을 소중하게 여기고 감사하기를 좋아하며, 받는 것도 좋지만 나누어 줄 때 두 배로 행복하고 기쁜 사람입니다.

2. 아버지 이마의 수술 흔적

- 임향한 장로

—————— 아버지의 얼굴에는 수술 흔적이 있었습니다. 그 흔적은 아들을 살리려는 사랑의 마음을 담고 있었습니다. 아버지의 얼굴을 볼 때마다 마음이 아프면서도 너무나 감사했습니다. 그 흔적은 오롯이 어린 나를 살리려다가 생긴 것이기 때문입니다.

초등학교 4학년 때의 일입니다. 아버지는 친척 모임을 가실 때마다 어린 아들을 꼭 데리고 다니셨나 봅니다. 무엇인가를 가르쳐주고 싶으셨겠지요. 어린 나로서는 알 수 없는, 아니 이해할 수 없는 세계에 대해서요. 기억나는 것은 아버지는 언제나 많은 친척 앞에서 아들의 꿈을 말씀하셨습니다. 지금 생각하면 아버지의 꿈이셨나 봅니다. 아들로서 아버지의 꿈을 이뤄드리는 인생을 살아야 한다는 것처럼 느껴지지요?

　어느 날, 아버지는 나를 데리고 모임에 가셨습니다. 모임 끝나고 집으로 돌아가기 위해 버스를 타야 했는데 한발 늦어서 버스가 끊기고 말았습니다. 다행히 아버지의 지인분이 오토바이로 태워 주겠다고 해서 아버지는 나를 안고 오토바이 뒷자리에 탔습니다. 바람도 가르며 어둠이 내리기 전에 가려고 하는 것인지 오토바이의 장점을 최고로 이용하여 달리고 있었습니다. 얼마를 달렸는지 모르겠습니다. 어느 순간 바람도 멈추고 오토바이도 멈추고 생각도 멈췄습니다. 오토바이가 공중을 날더니 도로로 뒹굴었습니다. 그때 아버지는 오토바이가 전복되기 전에 나를 껴안고 뛰어내렸습니다. 의도적인 행동이었습니다. 젊었을 때 배구도 잘하셨기에 그 운동신경으로 나를 안전하게 보호할 수 있었습니다. 아버지도 안전했으면 좋았으련만 그렇지를 못했습니다. 아버지는 얼굴이 크게 찢어져 병원으로 후송되었습니다.

　아버지 때문에 다치지 않은 나는 면사무소를 다니시던 아저씨가 집까지 데려다주었습니다. 놀란 나를 안심시켜가며 어머니께 데려다주고 교통사고 사실을 알려 주었습니다. 어머니는 너무나 놀라셨습니다. 마음을 진정하고 아버지 짐들을 챙겨서 병원으로 가셨습니다. 아버지의 얼굴 부상은 너무나 커서 꿰맨 자국이 이 세상을 마치는 순간까지도 지워지지 않았습니다. 지워지지 않은 아버지의 자식 사랑 흔적이었지요. 그 흔적을 지워드리지 못한 채 저 세상으로 보내드렸으니 정말 죄송할 뿐입니다.

오토바이와 함께 날아가던 순간에 그대로 떨어졌다면 어린 나는 오토바이에 눌려서나 땅에 떨어지며 그 충격으로 죽었을 것입니다. 그 위험한 순간에 나는 아무 다친 곳도 없이, 아버지는 비록 얼굴에 큰 부상을 입었지만 다른 곳은 이상 없이 지켜주셨던 하나님께 진정 감사를 드립니다.

어느 순간 바람도 멈추고 오토바이도 멈추고 생각도 멈췄습니다.

오토바이가 공중을 날더니 도로로 뒹굴었습니다.

오토바이가 전복되기 전에 아버지는 나를 껴안고 뛰어 내렸습니다.

의도적인 행동이었습니다.

임향한

인생의 발자취를 글로 남기며 그 글이 누구에겐가 선한 영향을 미치길 희망하며 배움을 나누며 살고자 하는 50대 남자입니다.

3. 아이를 폭설로 감싸안아

– 강선희 집사

내가 기억하지 못하는 어린 시절의 일화입니다. 부모님께서 전해주신 이야기에 따르면, 당시 4살이던 나는 10대였던 사촌 언니와 함께 손을 잡고 횡단보도를 건너고 있었습니다. 초록불 신호의 보호를 받으며 건너던 중, 신호를 무시하고 달려온 차량이 우리를 그대로 들이받았습니다. 그날은 폭설이 내려 바닥이 미끄러웠고, 그로 인해 우리는 멀리 밀려나게 되었습니다.

사촌 언니는 무릎뼈가 드러나는 큰 상처를 입었고, 작은 아이였던 나는 차 밑으로 끌려 들어가며 함께 밀려 나갔습니다. 목격자의 말에 따르면, 차와 함께 눈 위를 쭉 밀려났다고 합니다. 이 소식에 마음이 천둥 치듯 놀란 어머니는 숨도 쉴 새 없이 병원으로 내달렸습니다.

　병실에 도착한 어머니는 큰 충격을 받았습니다. 크게 다쳤거나 어쩌면 죽음의 고비를 맞고 있을 수도 있겠다고 생각했던 나는, 병실 침대에서 방방 뛰며 방실방실 웃고 있었습니다. "엄마, 여기 침대 있어 좋아" 자초지종을 들어보니, 차 밑에 깔려있던 나를 꺼내보니 폭설로 인해 눈 속에 파묻혀 전혀 다치지 않고 구조되었다고 했습니다.

　부모님은 그날 눈이 내리지 않았다면, 아니 폭설이 아니었다면 나는 살아남지 못했을 것이라고 말씀하셨습니다. 신앙의 길에 들어서고 난 후, 이 이야기를 듣고서 진정 깨닫게 되었습니다.

　'그때 하나님께서 나를 절대적으로 살려주셨다'라는 것을.

　또한 나의 인생길에 어려움이 폭설처럼 찾아올지라도, 그로 인해 나를 살려주시는 일이 될 수도 있다는 걸 깨닫게 되었습니다. 어릴 때부터 오늘이 있기까지 생명을 지켜주신 수많은 사연을 기억하며, 성삼위 하나님과 예수님께 진심으로 감사드리며 사랑합니다.

"춥고 차가운 눈 내린 그 날은 내 인생에 가장 따뜻한 날이 되었어요.
짧았을 나의 인생을 지켜주시고 이제는 영원한 생명 길까지 가게 해주신
하나님의 은혜 잊지 않을게요. 사랑합니다."

강선회

하나님께 '나는 평범한 사람 같아요'라고 했습니다. 그러던 어느 날, 잠시 외출을 다녀왔는데 남편이 말하길, "아기랑 둘이 있는데 너무 허전하더라. 정말 엄마는 꼭 있어야 해" 그렇게 한 가정의 아내이자 엄마로서 하루하루 최선을 다하며 살아가고 있습니다.

이 글을 쓰는 잠깐의 시간에도 남편과 두 살배기 딸이 동시에 부르고 있네요. "엄마~~~"

"그래, 엄마 간다아~~"

4. 심한 불평불만, 투덜투덜은 저승사자

– 백충경 목사

        2016년도 어느 날, 신경성 위 아픔 때문에 오랫동안 노력했지만 빨리 낫지 않아 낙심하고 답답해서 나 자신과 하늘 앞에 심하게 투덜대던 날이 있었습니다.

    하루 일과를 마친 후 피곤하였지만, 금산으로 향해야 할 일이 있었습니다. 조카가 마침 시간이 있어 운전면허를 취득한 지 얼마 되지 않았지만, 그에게 운전을 맡기고 함께 차에 올랐습니다. 금산으로 가는 길, 나는 어느덧 깊은 잠에 빠져들었습니다.

    엄청나게 큰 '쾅!~' 소리에 눈을 떴을 때, 차는 이미 연기를 내며 폐차 직전의 상태로 사고가 났습니다. 우리는 금성면의 제재소를 지나, 다리가 시작되는 지점에서 반대차로의 다리 기둥을 들이받은 상태였습니다. 조카와 서로의 부상을 서둘러 확인하였고, 주변 사람들이 사고 현장을 목격하고 달려와 119에 신고해주었습니다. 상황을 되돌아보니, 내가 피곤에 지쳐 잠이 들었을 때, 조카도 무의식적으로 그 잠의 영향을 받아 순간적으로 졸음에 빠졌다고 합니다.

우리는 금산의 새금산병원 응급실로 긴급 이송되었습니다. 주말 저녁이라 의사가 부재한 상태였고, 우리는 처음에는 대기만 하고 있었습니다. 그러나 상황의 심각성을 인지한 아내와 유치원 원장님이 도착하셨습니다. 유치원 원장님의 조언으로 우리는 대전의 큰 병원으로 이송되어 적절한 치료와 수술을 받게 되었습니다.

조카는 다행히 비교적 가벼운 타박상만 입고 크게 다치지 않은 상태였습니다. 반면, 나는 코뼈에 손상을 입어 코가 약간 비틀어졌으며, 가슴 흉강막에 피가 고여 갈비뼈 사이를 조금 절개하여 튜브를 통해 고인 피를 배출하는 처치를 받았습니다.

병원에 입원해있으면서 생각해 보니 만약 오는 차와 부딪쳤다면 아이고!~ 둘 다 죽었을 것이란 생각이 들면서 너무너무 소름이 끼쳤습니다. 살려주신 성삼위 하나님과 주님께 진정으로, 진정으로 감사드렸습니다. 매일 성도들을 위해 기도해주시는 목사님의 기도가 없었다면 진짜 큰 사고로 죽거나 불구가 되었을 것이라는 깨달음을 주셔서 하나님, 성령님, 성자 예수님께 더욱더 뜨거운 마음으로 감사와 사랑과 영광을 돌려드렸습니다. '목사님께서 매일 성도들을 위해 기도해주심으로 하나님과 성령님과 주님께서 저희를 살려주셔서 너무너무 감사드립니다.'라고 편지를 드렸습니다. 2~3주 후에 답장을 주셨습니다.

"참으로 죽을 뻔했구나, 성삼위 하나님과 예수님이 너희들을 살려주셨구나. 항상 조심하며 살아라"

3주간의 병원 생활을 마치고 집에서 회복 중이었을 때, 박승운(작고하심) 장로님이 안부를 묻기 위해 방문하셨습니다. 사고의 경위와 위치에 관해 이야기를 나누던 중, 장로님께서는 충격적인 사실을 전해주었습니다. 바로 우리가 사고를 당한 그 자리에서 1~2년 전, 어떤 운전자가 지나가던 노부부를 치어 두 분 모두 현장에서 목숨을 잃었고, 그 사고를 낸 운전자 또한 여러모로 큰 어려움을 겪게 되었다고 합니다.

그 말을 듣고 나니, 사망사고 현장에는 반복되는 경우가 있다는 말을 많이 들었던 것이 생각나면서. '우리도 죽을 운명이었구나' 깨달아지면서, 목사님께서 우리를 위해 매일 기도해주신 덕분에, 그 기도가 얼마나 소중하고 생명을 구하는 귀한 예수 그리스도인의 삶인지를 더욱 깊이 이해하게 되었습니다. 목사님의 수많은 잠언 중에 "기도는 사랑이다"라는 말씀이 예수 그리스도의 사랑임을 새삼스레 가슴 깊이 와닿았습니다.

이 사건을 통해, 불의한 사고로 세상을 떠난 영혼들을 위해 기도해주는 것이 얼마나 중요한지도 새롭게 깨닫게 되었습니다. 앞으로도 이러한 기도를 게을리하지 않겠다는 다짐을 하게 되었습니다. 또 아픈 곳이 빨리 낫지 않는다거나 어떤 일들이 빨리 해결되지 않는다고 절대 나 자신이나 하늘 앞에 불평불만이나 투덜대지 말아야 함을 깊이 깨닫게 되었습니다.

기도는 죽음에서 살려주는 예수 그리스도의

사랑임을 깨닫는 계기가 되었습니다.

백충경

1960년생, 전남 고흥. 온 세상 각 나라가 이상세계가 되어 살기를 바라는 꿈을 지니고 살았는데, 하나님과 성령님은 이 시대에 합당한 예수 그리스도의 사랑과 말씀만이 이상세계를 이룰 수 있음을 저희 교회 목사님의 삶을 통해서 삶으로 보여주시네요. 아멘!~ 감사합니다. 사랑과 말씀과 실천이어라.

5. 배트맨이 아닌 벨트매

- 강빛나 집사

———————— 2001년 가을의 한 자락에, 나는 신학 수업에 참석하기 위해 1박 2일의 짧은 일정으로 길을 떠났습니다. 힘든 수업일정이 끝나고 대전에서 청주로 향하는 시외버스에 몸을 실었습니다.

그날은 유난히 피곤함이 몰려왔고, 의자에 몸을 기대어 자연스럽게 깊은 잠에 곯아떨어졌습니다. 안전벨트를 착용하는 것은 생각조차 하지 못했습니다.

잠이 든 사이, 갑자기 내 귀에 '벨트매'라는 음성이 들려왔습니다. '뭐야.' 너무 피곤해서 무시하고 다시 잠에 빠져들었습니다.

3, 2, 1, 내 머리 쿵!

갑작스러운 '끽~' 소리와 함께 버스가 급정거했습니다. 안전벨트를 착용하지 않았기 때문에 몸은 앞으로 쏠리고 나의 머리는 앞사람 등받이에 머리를 세게 부딪혔습니다. 순간적인 고통과 함께, 성령의 경고를 무시한 나의 무모함을 깊이 반성하게 되었습니다.

그 사고의 순간, 나는 죽음과 마주할 뻔했습니다. 하지만 음성을 들었던 지라 나도 모르게 엉덩이와 코어 근육에 힘이 들어가서 나를 보호해 주었습니다. 만약 그 순간 제대로 대비하지 못했다면, 목이 부러질 수도 있었던 상황이었습니다.

이 사건을 통해 나는 깨달았습니다. 성령 감동의 음성은 결코 무시해서는 안 된다는 것을요. 그 음성이 나를 죽음에서 구해 주었고, 하나님의 은혜로 다시 생명을 얻게 되었습니다.

'사무엘아! 사무엘아'
이 부르심이 사무엘에게만 해당하는 게 아니었습니다.

지금도 우리를 부르십니다.
'○○야! ○○야!'

우리는 오직 하나님의 부르심에

"네. 저 여기 있어요^^
무슨 일 있으세요?"

삶 가운데 사랑의 반응으로 응답하며 하나님과 알콩달콩 신혼 생활하듯이 행복하게 살아요.^^ 이제, 나는 매일 하나님께 감사의 기도를 올립니다. 우리의 삶 속에 하나님의 은혜가 얼마나 크고 소중한지를 잊지 말아야 합니다.

내가 자면서 사고의 위험도 예상치 못했고 음성을 들을 거라는 것

또한 전혀 예상하지 못했습니다.

강빛나

연극인, 캘리그래퍼, 플로리스트, 아마추어 축구선수.
'살아있는 모든 것은 예술이다.' 나의 멘토의 잠언입니다.
살아있는 자체를 감사드리며, 산 자로서 모든 것을 할 수 있기에 감사합니다. 자기 만들기,
인생작품으로 살고파 지금도 몸부림 중~

6. 세상에, 핸들이 끊어지다니

- 정대갑 집사

자영업으로 시작한 나의 일상은 매일이 새로운 도전이었습니다. 줄눈, 곰팡이 제거, 방수 페인트 작업을 전문으로 하는 나는 작지만 실속있는 중국차 이밴을 몰고 다녔습니다. 이 차량은 연료로 LPG와 휘발유를 겸용하는 경제적인 선택이었습니다. 하지만 어느 순간부터, 속도를 70km/h 이상 올리면 핸들에서 느껴지는 흔들림이 있었습니다. 대부분의 사람들이라면 걱정할 법도 하지만, 나는 이를 대수롭지 않게 여겼습니다.

일은 다양한 곳으로부터 요청이 들어왔습니다. 그중에서도 무주에 위치한 한 펜션에서 화장실 줄눈 작업 요청이 왔을 때, 나는 8일간의 왕복 운전을 마다하지 않고 그곳으로 향했습니다. 핸들의 흔들림은 여전해서 나는 70km/h

이상의 속도로 달리지 않기로 결심했습니다. 안전을 최우선으로 생각하는 나의 선택이었습니다.

이렇게 일상을 꾸려가던 중, 예기치 못한 사건이 발생했습니다. 큰 누나가 충남 부여에서 멜론과 수박을 재배하고 있었는데, 장마철 집중호우로 인해 농작물이 큰 피해를 보았습니다. 수확을 얼마 앞두고 발생한 이 피해는 가족들에게 큰 충격을 주었습니다. 피해액은 무려 9천만 원에 달했습니다.

나는 곧바로 부여로 향했습니다. 2박 3일 동안 가족과 함께 피해 복구 작업에 매진했습니다. 그 과정에서 많은 것을 느꼈습니다. 가족의 소중함, 함께라면 어떤 어려움도 이겨낼 수 있다는 믿음이 그것이었습니다.

복구 작업을 마치고 집으로 돌아오는 길, 고속도로를 달리던 중 핸들의 흔들림이 예전보다 훨씬 심해졌습니다. 위험을 느낀 나는 비상등을 켜고 2차로로 천천히 운행했습니다. 집에 도착해 다음 날, 출근하기 위해 차 시동을 걸고 핸들을 돌리는 순간, 툭 하는 소리와 함께 핸들이 끊어져 360도로 회전했습니다. 그 순간, 나는 충격에 빠져 버렸습니다.

'만약 이 상황이 고속도로에서 발생했다면, 어떻게 되었을까?'

상상하고 싶지도 않았지만 나도 모르게 상상 속으로 들어갔습니다. '고속도로를 질주하는 순간, 모든 것이 한순간에 변했습니다. 내 차는 제어를 잃고 중앙 분리대를 들이받았습니다. 충격의 파도가 차체를 휘감으면서 금속이 비명을 지르듯 요란한 소리를 냈습니다. 그러나 상황은 여기서 멈추지 않았습니다. 뒤따르던 차가 예상치 못한 장애물에 반응할 틈도 없이 내 차 뒤를 세차게 들이박았고, 이어서 그 차의 뒤를 따르던 또 다른 차도 같은 운명을 맞이했습니다. 각 충돌마다 거대한 파장이 이어지며, 몇 초 안에 몇 중 추돌 사고가 연쇄적으로 일어났습니다. 고속도로 위, 시간은 마치 멈춘 듯했습니다. 차량들은 뒤엉킨 채 정지했고, 비명과 경적 소리가 뒤섞여 혼란스러운 교향곡을 연주했습니다. 금속과 유리 조각이 도로 위를 뒤덮었고, 연기가 사고 현장을 흐릿하게 만들었습니다.'

실제 이런 상황이 발생했다면, 나는 지금 이 자리에 없을 수도 있습니다. 이 모든 상황 속에서 나는 한 가지 중요한 것을 깨달았습니다. 바로 보이지 않는 곳에서 나를 지켜보시며 보호해 주시는 하나님 성령님의 존재였습니다. 그 상황을 보고 계신 하나님 성령님도 얼마나 애가 타셨을지를 생각하니 만감이 교차했습니다. 꼭 죽을 수밖에 없는 상황에서 불꽃 같은 눈으로 살펴 주시며 보호해 주심으로 이 귀한 생명을 살려주신 하나님 성령님께 진심으로 감사와 사랑을 드립니다.

다음 날, 출근하기 위해 차 시동을 걸고 핸들을 돌리는 순간,

툭 하는 소리와 함께 핸들이 끊어져 360도로 회전했습니다.

그 순간, 나는 충격에 빠져 버렸습니다.

'만약 이 상황이 고속도로에서 발생했다면, 어떻게 되었을까?'

정대갑

아름답고 멋진 강과 산으로 뒤덮인 새소리와 공기 맑은 곳에서 사명감에 불타올라 뛰고 달리는 두 아들의 아버지이자 사랑하는 아내와 알콩달콩 살고 있는 멋진 사나이 산림지킴이입니다.

7. 신호 무시한 승용차의 질주

– 서용연 목사

——————— 2008년의 어느 평범한 토요일, 영등포 어느 교회에서 목회 활동을 하고 있던 나에게는 기억하고 싶지 않은, 하지만 결코 잊을 수 없는 사건이 일어났습니다. 그날 나는 일상의 일부처럼 보였던 청과물 사거리의 건널목을 건너고 있었습니다. 햇살이 따스하게 내리쬐는 아름다운 아침, 초록색 신호등 앞에서 잠시 멈춰 선 나는 주변을 둘러보며 안심하고 걸음을 옮겼습니다.

하지만, 평화롭던 순간은 갑자기 찾아온 위기로 인해 순식간에 뒤바뀌었습니다. 신호를 무시한 한 승용차가 질주해오는 것이었습니다. 차량은 제어할 수 없는 속도로 나를 향해 다가왔고, 나는 그 충돌의 순간을 피할 틈도 없이 맞이하게 되었습니다. 이마가 깨지고 피가 흐르며, 나는 그 자리에 쓰러졌습니다. 눈앞이 캄캄해지며, 마치 이 세상과의 연결이 끊어진 것만 같았습니다. 나는 자신이 죽은 것으로 생각했습니다.

온몸에 유혈이 낭자한 가운데 놀랍게도 벌떡 일어섰고, 사고 차량이 영등포 충무병원으로 후송시켜 주어서 응급치료를 받고 목숨을 건질 수 있었습니다. 충무병원의 의료진은 내 생명을 구해 주었고, 이 사고 이후 왼쪽 이마에는 꿰맨 자국이 남아, 그날의 사건을 영원히 기억하게 해주었습니다.

이 사건은 큰 교훈을 주었습니다. 예상치 못한 순간에도 우리의 생명은 소중하며, 각자의 삶은 예기치 않은 위험 앞에서 언제든지 취약할 수 있음을 깨닫게 되었습니다. 동시에, 이 경험은 나에게 믿음과 희망을 주었습니다. 가장 어려운 순간에도 생명을 구해 주시는 하나님의 은혜와 사랑이 있음을 실감했습니다.

진인사대천명, 우리의 목숨은 하나님께 달려있습니다. 천하를 주고도 바꿀 수 없는 생명, 이 죽음에서 생명을 살려주신 것같이 귀한 것은 없습니다.

그날 이후, 나는 삶을 대하는 태도가 달라졌습니다. 모든 순간에 감사하며 살아가기로 결심했습니다. 삶과 죽음을 넘나드는 경험을 통해, 나는 더욱 강해졌고, 삶의 의미를 새롭게 발견할 수 있었습니다. 이 경험은 나에게 삶이란 무엇인지, 우리가 어떻게 살아야 하는지에 대한 깊은 성찰을 안겨주었습니다.

신호를 무시한 한 승용차가 질주해오는 것이었습니다. 차량은 제어할 수

없는 속도로 나를 향해 다가왔고, 나는 그 충돌의 순간을 피할 틈도 없이

맞이하게 되었습니다. 이마가 깨지고 피가 흐르며, 나는 그 자리에 쓰러졌습니다.

나는 자신이 죽은 것으로 생각했습니다.

서용연

1964년 전남 담양에서 태어났습니다. 중학교에서는 농업을, 고등학교에서는 공업을, 중앙대학교에서는 경영대 경영학과를 공부해서 농 · 공 · 상의 지식을 두루 겸비했습니다.
동양의 성경 '격암유록' 해역 출간(2023.06.15)

8. 엄마 배 속에서 생을 마감할 뻔한 셋째 아이

- 이주현 집사

2010년 한 해의 마지막이 다가오고 있었습니다. 나는 서울에서 살고 있는 30대 초반의 엄마로, 셋째 아이를 임신 중이었습니다. 그날 특별할 것 없는 평범한 나들이의 하루를 보내고 집으로 가던 중이었습니다. 창밖으로 내다보이는 겨울 풍경은 차분하고 고요했으며, 차 안은 아이들의 웃음소리로 가득 찼습니다. 첫째와 둘째는 잠들기 전까지도 장난을 치며 즐거워했어요.

차 안에서 우리는 나들이에서 있었던 일들, 친구들과의 약속들에 관해 이야기했습니다. 가벼운 대화와 웃음이 차 안을 가득 메웠습니다. 임신 중이라는 사실이 내 마음 한편에 늘 자리 잡고 있었지만, 그날은 특별히 배 속의 아이에 대한 기대감과 행복이 가득 차 있었습니다.

차를 운전하며, 나는 임신으로 인해 더욱 커진 배가 운전대에 닿는 것을 느끼며 조심히 운전했습니다. 셋째 아이에 대한 걱정과 동시에, 이 작은 생명이 우리 가족에게 가져다줄 새로운 기쁨에 대해 생각했습니다. 나는 속도를 조금 줄이고, 아이들과 나누는 대화에 더 집중했습니다. 대화를 나누다가 조용한 느낌이 들어 뒤를 보니 아이들은 어느새 잠이 들었습니다.

잠시 후 평온한 오후의 일상이 한순간에 뒤흔들렸습니다. 뒤에서 다가오는 것은, 순식간에 접근하는 택시의 거대한 그림자였습니다. 그것은 마치 조용한 물 위에 떨어진 거대한 돌멩이처럼 평화를 깨트렸습니다. 운전대를 잡고 있던 내 손에 긴장이 흘렀고, 잠시 후 예기치 않은 사고가 발생했습니다. 차량이 격렬하게 흔들리며, 우리를 둘러싼 세상이 멈춘 듯한 착각에 빠졌습니다.

8차선 도로는 퇴근길 차량으로 가득 차 있었습니다. 어디선가 들리는 경적 소리, 차량들의 지나가는 소음, 그리고 그 중심에서 우리는 예상치 못한 사고의 주인공이 되어 있었습니다. 충돌의 순간, 마치 시간이 느리게 흐르는 것 같았습니다. 금속이 부딪히는 소리, 유리창이 깨지는 소리가 마치 거대한 파도처럼 우리를 덮쳤습니다. 차량이 요동치며, 나는 배 속의 아이를 걱정하는 마음으로 운전대에 가해진 압력을 느꼈습니다.

사고의 충격으로 주변이 순식간에 조용해졌습니다. 급정거한 차량들 사이에서, 나는 차 안의 아이들을 살폈습니다. 뒷좌석에 있던 아이들은 충격 때문에 잠에서 깨어났습니다. 그 순간, 나는 엄마로서의 두려움과 함께, 아이들의 안전을 확인했습니다. "얘들아, 괜찮아?" 다행히 아픈 곳은 없다고 했습니다. 얼마나 다행인지 모릅니다. 사고가 난 곳은 차량이 빼곡한 8차선 도로였기에, 연쇄 충돌의 위험이 있었습니다. 하지만, 하나님이 함께하셔서 더 이상의 충돌은 일어나지 않았습니다. 할렐루야!

그 충돌의 순간, 나는 갑작스러운 사고 앞에서 생명의 소중함을 느꼈습니다. 배 속의 아이와 잠든 두 아이의 안전이 최고 걱정이었습니다. 깊은 공포와 긴장감 속에서도, 하나님의 보호하심을 진심으로 느낄 수 있었습니다. 사고의 순간부터, 나는 우리 가족의 무사함을 간절히 기도했습니다. 하마터면 운전대에 충격을 받은 배 속의 아이는 이 세상의 빛을 보지도 못할 뻔했습니다. 더 마음 아플 뻔했던 것은 언제나 따뜻한 사랑의 온기를 전해준 엄마와 아빠, 그리고 언니들을 보지 못한 채 어두운 곳에서 생을 마감할 수 있었다는 것이죠. 이런 위기의 순간을 안전으로 지켜주신 하나님께 감사합니다.

사고 발생 전 평범하고 행복했던 순간들은, 갑작스러운 공포와 불안으로 대체되었지만, 그 순간에도 나는 아이들을 보호해야 한다는 생각에만 집중할 수 있었습니다. 이 모든 경험은 순식간에 일어났지만, 그 기억은 내 마음 속 깊은 곳에 영원히 자리 잡을 것입니다.

평온한 오후의 일상이 한순간에 뒤흔들렸습니다. 뒤에서 다가오는 것은, 순식간에 접근하는 택시의 거대한 그림자였습니다. 그것은 마치 조용한 물 위에 떨어진 거대한 돌멩이처럼 평화를 깨트렸습니다. 운전대를 잡고 있던 내 손에 긴장이 흘렀고, 잠시 후 예기치 않은 사고가 발생했습니다.

차량이 격렬하게 흔들리며, 우리를 둘러싼 세상이 멈춘 듯한 착각에 빠졌습니다.

이주현

아주 어렸을 때부터 예수님을 너무나도 사랑하는 소녀였습니다. 성경에 대해서 배우는 것을 좋아했는데 성장하면서 성경에 대해서 더 자세히 알고 싶은 마음이 생겼습니다. 배울 수 있는 곳을 찾아다니다가 성경에 대해서 하나님에 대해서 예수님에 대해서 자세히 배우면서 하나님과 예수님을 깊이 사랑하며 살아가고 있는 평범한 한 가정 주부입니다.

9. 전복된 순간 나타난 인천사

– 김진영 집사

──────── 큰아들이 초등학교 저학년에 재학 중일 때의 일입니다. 나는 서너 살 정도 된 둘째 아들을 뒷좌석에 태우고, 큰아들 학교에 다녀오던 길이었습니다. 둘째는 뒷좌석 가운데 자리에서 끊임없이 나에게 이야기를 건네며 우리 집으로 향하고 있었습니다. 이 작은 순간은 일상 속에 찾아오는 행복의 순간 중 하나입니다. 아이의 목소리는 길 위의 모든 소음을 뛰어넘어 마음을 따뜻하게 해 주었습니다.

시골길의 작은 다리를 건너는 평화로운 순간, 예기치 않게 앞에서 거대한 덤프 트럭이 중앙선을 넘어 과속으로 달려오는 모습이 눈앞에 펼쳐졌습니다. 갑작스러운 위험 앞에서, 피할 곳을 찾지 못한 나는 오른쪽으로 핸들을 급하게 꺾었습니다. 그 순간, 차량은 다리의 난간에 바퀴가 거센 충격으로 부딪혔습니다. 대형 트럭이 지나가자마자, 내가 운전하던 차량은 세상이 뒤집히듯 완전히 뒤집혔습니다.

나는 순간적으로 뒷좌석에 서 있던 아들의 머리를 팔로 감싸안았습니다. 모든 것이 거꾸로 된 상태에서, 멍한 정신으로 아들을 살폈을 때, 다행히도 그는 피를 흘리지 않았습니다. 하지만, 뒤집힌 차 안에서 연기가 나기 시작했고, 나는 차량이 폭발하지 않을까 하는 두려움이 엄습했습니다. 이 순간은 마치 시간이 정지한 듯, 모든 것이 느리게 움직이는 것처럼 느껴졌습니다.

우리의 뒤집힌 차량을 목격한 봉고차에서 한 아주머니가 내리셨습니다. 걱정이 가득한 얼굴로 운전석 창문을 통해 안부를 물었습니다. "괜찮아요? 어디 다친 곳은 없어요?" 아주머니는 창문 안으로 구조의 손을 내밀었습니다. 나는 먼저 아들을 창문 밖으로 안전하게 내보냈고, 이어서 나 역시 차량에서 탈출했습니다.

아들이 아주머니의 품에 안겨 있을 때, 그 안정감과 따뜻함이 얼마나 큰 위안이 되었는지 모릅니다. 다행히도 아들은 크게 다친 곳 없이 무사했고, 나 또한 부상을 입지 않았습니다. 이 순간, 지나가던 이의 친절과 우리의 무사함이 어우러져, 사고의 충격 속에서도 희망의 빛이 스며들었습니다.

지금 그 아들은 건강하게 잘 커서 중3이 되었습니다. 다시 생각해 보니 정말 대형 사고였는데 기적처럼 지켜주신 것과 마침 지나가던 분의 도움으로 빠른 대처를 할 수 있었던 것은 절대 우연이 아니었습니다. 불구가 되거나 죽을 수도 있었던 상황에서 멍든 곳 하나 없이 지켜주신 성삼위 하나님과 주님께 진심으로 감사드립니다.

우리의 뒤집힌 차량을 목격한 봉고차에서 한 아주머니가 내리셨습니다.

겨정이 가득한 얼굴로 운전석 창문을 통해 안부를 물었습니다.

"괜찮아요? 어디 다친 곳은 없어요?"

아주머니는 창문 안으로 구조의 손을 내밀었습니다.

나는 먼저 아들을 창문 밖으로 안전하게 내보냈고,

이어서 나 역시 차량에서 탈출했습니다.

김진영

원미주얼리를 운영하고 있습니다. 돌조각 하는 남편과 함께 작품 활동을 하며, 때때로 학생들과 금속공예로 예술적인 영역을 탐구하고 있어요. 예술작업을 통해 사랑과 감동을 전달하며 세상을 더 아름답게 만들어 나갈 수 있길 바랍니다.

10. 신문 배달 중에 만난 거대한 짐승

- 배기철 장로

──────── 1999년, 결혼 전의 그 시절, 오랫동안 몸담았던 회사를 뒤로하고 새로운 길을 모색하던 중, 일단 무언가를 시작하기로 마음먹었습니다. 그렇게 나는 신문 배달이라는 아르바이트를 하게 되었습니다. 새벽마다 일찍 일어나 신문을 배달하는 일은, 나에게 두 가지 의미가 있었습니다. 하나는 당연히 생계를 위한 것이었고, 다른 하나는 내 신앙생활에 있어 새벽기도 시간을 지키기 위함이었습니다. 그렇기에 나는 더욱 부지런히, 그리고 열심히 일했습니다.

어느 날, 쌀쌀한 가을 아침이었습니다. 하늘에서는 비가 내리고 있었고, 나는 배달 일을 위해 완전 무장을 하고 나섰습니다. 몸은 두꺼운 옷으로 감싸고, 머리 위에는 비를 막을 모자를 깊이 눌러썼습니다. 그날의 공기는 차 갑고 습했으며, 비는 마치 세상의 모든 것을 씻어내려는 듯 끊임없이 내리고 있었습니다.

나는 스스로 정한 루틴에 따라 부지런히 움직였습니다. 새벽의 고요함을 깨며, 집집마다 신문을 배달하고, 그 후엔 새벽기도를 위해 교회로 향하는 것이었습니다. 어느 날, 오토바이를 타고 신문 배달하러 이동하는 중에 예상치 못한 사건이 발생했습니다. 바로 앞에서 거대한 컨테이너 차량이 불법 유턴을 시작하는 것이었습니다. 그 커다란 몸집을 돌리기 위해 천천히 움직이는 컨테이너는 마치 거대한 짐승처럼 보였습니다.

나는 순간적으로 멈출 수 없었습니다. 유턴하는 컨테이너의 끝부분을 인식하지 못해 그 충돌은 불가피했습니다. 나는 컨테이너와의 충돌로 공중으로 솟구친 듯한 느낌을 받았고, 그다음 순간, 나는 땅에 쓰러져 있었습니다. 충돌의 충격이 너무나도 강렬해, 몸 어디가 아픈지조차 느낄 수 없었습니다. 주변은 잠시 정지된 듯, 모든 것이 멈춘 시간 속에 나만이 떨어져 나온 듯한 고독한 느낌이었습니다.

만약 그때 그 컨테이너 차량의 기사가 나를 보고도 아무런 조치를 하지 않고 그냥 지나쳤다면, 아마도 나는 이 세상에 없었을 겁니다. 그러나 다행히도, 그 기사는 나를 무시하지 않고, 내 상황을 살펴주었습니다. 그 순간, 나는 신의 놀라운 역사를 목격했습니다. 그 기사가 나쁜 마음을 먹지 않고 나를 도와준 것은 분명 성삼위 하나님과 예수님의 감동적인 역사였습니다. 그의 도움으로 나는 무사히 그 상황을 벗어날 수 있었고, 이에 깊은 감사를 드립니다.

그때 사고로 현재도 팔은 다소 불편하지만, 나는 하나님을 사랑하며 감사하는 마음으로 살아가고 있습니다. 이 모든 경험을 통해, 나는 삶 속에서 감사할 일이 얼마나 많은지 다시 한 번 깨닫게 되었습니다.

나는 순간적으로 멈출 수 없었습니다. 유턴하는 컨테이너의 끝부분을 인식

하지 못해 그 충돌은 불가피했습니다. 나는 컨테이너와의 충돌로 공중으로

솟구친 듯한 느낌을 받았고, 그다음 순간, 나는 땅에 쓰러져 있었습니다.

배기철

화물차 운전직, 낭만을 싣고 전국을 누비며 신바람나게 사는 사람입니다. 1974년 경북 고령 출생, 기독교 3대 집안에서 태어나 삶의 가장 고비였던 10대 후반에 귀한 하나님의 뜻을 발견하고 열심히 살고 있습니다.

11. 누가 생각의 생명줄을 던져 주셨을까?

- 김명수 집사

내가 정읍에서 생활하고 있던 시절, 2008년의 어느 비 오는 밤, 아버님이 계신 고향 해남에 다녀오는 길이었습니다. 해남에서 목포로, 그리고 서해안 고속도로를 타고 고창 방향으로 주행하고 있었습니다. 독일에 아우토반이라는 고속도로가 있다면 한국에는 서해안 고속도로가 있습니다. 아우토반의 일부 구간은 속도 무제한 도로가 있어 시속 약 410km로 질주하는 승용차도 있는 것을 영상으로 본 기억이 있습니다. 서해안 고속도로는 그 정도는 아니지만, 편도 2차선 도로로 직선 구간이 많고 커브 길도 완만하여 밤에는 시속 200km 이상을 주행하는 것도 가능합니다. 물론, 과속은 안전에 좋지 않습니다.

그날 밤, 비가 추적추적 내리고 있었고 차는 별로 다니지 않았습니다. 주행차선인 2차로를 달리던 중, 문득 '비가 오니 2차로보다는 1차로가 더 안전하겠다'라는 생각이 들었습니다. 그 생각에 따라 차선을 변경했고, 그로부터 15초쯤 지난 후, 내가 달리고 있던 1차로 우측의 2차로에 후미등이 모두 꺼진 채로 컨테이너를 운반하는 트레일러 화물차가 마치 유령처럼 지나가는 것을 목격했습니다. 내가 2차로를 달리고 있을 때 트레일러는 컴컴한 밤길을 내 차의 속도보다 현저히 느린 속도로 바로 앞에 달리고 있었던 것입니다. 그런데 후미등 양쪽 두 개가 모두 꺼져있어서 시커먼 물체가 자기 존재를 전혀 드러내지 않고 한밤의 고요 속을 질주하고 있었던 것이죠. 나는 그 순간 가슴을 쓸어내렸습니다. 만약 내가 차선 변경을 하지 않고 그 차선에서 조금만 더 달리고 있었다면 큰 사고가 날 뻔했습니다. 내 차의 속력으로 앞 트레일러를 추돌하였다면 분명 내 승용차가 트레일러 밑으로 들어갔을 것이 뻔했기 때문입니다. 그렇게 되면 내 차의 보닛 부분이 차 밑으로 들어가 적재함 뒷문이 내 안면을 쳤을 것이 분명했습니다. 비 오는 날 시야도 좋지 않은 상황에서 후미등을 켜지 않은 차량을 가까운 거리에서 식별하여 피하는 것은 불가능에 가까운 일이니까요.

생각의 생명줄을 누가 던져주셨을까요? 하나님께서 나에게 생각의 축복을 주셔서 달리던 2차로를 벗어나 1차로로 변경하게 해 주셨던 것입니다. 이렇게 살아난 이후로 야간에 후미등이 들어오지 않는 차량을 보면 112에 적극적으로 신고하는 습관이 생겼습니다.

지금 이 시간까지 내 육신이 살아 있는 것은 단 1분 1초도 시간의 누수 없이 하나님께서 절대적으로 지켜주셨기 때문입니다. 2차로에서 1차로로 차선을 변경하여 살았듯이 인생의 차선을 변경하여 지금까지 왔기 때문에 내 영혼이 구원받았음을 고백합니다.

항상 하나님은 우리 영, 혼, 육을 귀하게 보시고 전능하신 능력으로 지키시니 사망으로 가지 않고 생명권에 있음을 고백합니다. 우주적 능력으로 세세하게 나의 생명을 지켜주시고 보호하여 주심에 성삼위 하나님과 예수님께 감사의 영광을 드립니다.

주행차선인 2차로를 달리던 중, 문득 '비가 오니 2차로보다는 1차로가 더
안전하겠다' 라는 생각이 들었습니다. 생각의 생명줄을 누가 던져주셨을까요?
하나님께서 나에게 생각의 축복을 주셔서 달리던 2차로를 벗어나
1차로로 변경하게 해 주셨던 것입니다.

김명수

1969년 전남 해남 출신으로 한신대학교 국어국문학과를 졸업하고 동아오츠카(주)에 11년 재직 후 일호유통 상호로 동서식품(주) 대리점을 21년 운영해오고 있습니다.
나의 삶과 자연 속에 섭리하시는 하나님을 향한 찬양 시편을 비롯하여 일상에서 느끼는 소소한 내면의 흐름을 풀어낸 600여 편의 자작 시가 있습니다.

12. 완벽한 기적의 순간

- 임향한 장로

어느 해 한여름, 토요일 오후였습니다. 나는 오전 운동을 마치고, 기대감에 가득 찬 마음을 안고 자가용을 몰았습니다. 나의 목적지는 다름 아닌 지금의 아내와의 소중한 만남이 기다리고 있는 장소였습니다. 중부고속도로를 달리던 나는, 운동으로 인해 살짝 높아진 체온과 한여름의 따가운 햇볕 아래 잠시 나도 모르게 졸음에 빠지고 말았습니다.

나의 눈꺼풀이 무겁게 내려앉는 순간, 순식간에 발생한 '꽝' 소리와 함께 본능적으로 핸들을 오른쪽으로 꺾었습니다. 순간 옆으로 뒤따르던 차량이 태풍을 일으키며 스쳐 지나갔습니다. 마치 꿈속에서 깨어나듯, 나는 갓길에 차를 멈추고 죽은 듯이 잠시 동안 눈을 감고 앉아 있었습니다. 몇 분 후에야 안도감이 내 몸을 감싸며 긴 한숨을 내쉴 수 있었습니다.

추가적인 충돌 없이 차량을 멈출 수 있었던 것은 실로 어마어마한 다행이었습니다. 사고 직후, 어느 정도 마음을 진정시킨 나는 차에서 내려 차량의 상태를 꼼꼼히 확인하기 시작했습니다. 차량을 한 바퀴 돌며 외부를 세심하게 살폈지만, 놀랍게도 긁힌 자국 하나 없이 차량은 그야말로 완벽한 상태였습니다. '어떻게 이럴 수 있지?'라는 의문이 머릿속을 맴돌았지만, 어쨌든 다행이라 여기며 다시금 출발을 준비했습니다.

약속된 시간에 늦지 않기 위해 점차 속력을 내며 목적지를 향해 갔습니다. 차량은 별다른 문제 없이 부드럽게 가속되었고, 이상한 소리 한 점 들리지 않았습니다. 목적지에 무사히 도착하여 지금의 아내와 행복한 시간을 보냈고, 밤늦게 숙소에도 안전하게 도착했습니다.

다음 날, 차량을 다시 한번 꼼꼼히 점검해 보았습니다. 운전석 쪽 앞바퀴의 알루미늄 휠에서 작은 이상을 발견했습니다. 바깥쪽 부분에 마치 그라인더로 갈아낸 듯한 긁힌 흔적이 있었습니다. 이는 분명 중앙 분리대와의 접촉으로 인해 생긴 것이었습니다. 차체는 손상되지 않았으나, 휠 부분이 닳아 있었던 것입니다.

이 사고는 졸음운전으로 인한 위험한 순간이었으며, 중앙 분리대를 스치고도 뒤집히거나 다른 차량과 충돌하지 않고 무사히 살아남은 것은 신기할 정도였습니다. 이 모든 것이 성삼위 하나님의 보호하심이 아니었다면 설명할 방법이 없습니다. 안전운전의 중요성을 다시금 깨닫게 해 준 이 경험은, 졸음운전의 위험에서 벗어나 생명을 구한 기적 같은 사건이었습니다. 생명을 지켜주신 하나님께 진심으로 감사를 드립니다.

모든 게 완벽하지 않으면 안전할 수 없습니다. 뒤 차량이 조금만 가까이 따라오고 있었더라도, 이것은 피할 수 없는 이중 추돌이 분명했습니다. 차량도 보이지 않는 바퀴 휠 부분에 미세한 긁힘만이 존재하는 믿기지 않는 상황이었습니다. 앞뒤 좌우를 완벽하게 주관해 주신 하나님의 은혜였습니다.

입향한

인생의 발자취를 글로 남기며 그 글이 누구에겐가 선한 영향을 미치길 희망하며 배움을 나누며 살고자 하는 50대 남자입니다.

제3장

건강의 소중함을
느낀 순간들

"건강은 잃기 전에는 그 가치를 모르는 인생 최고의 재산이다."

1. 대나무 꼬챙이와 3일의 기다림

- 정대갑 집사

──────── 　초등학교 5학년이었던 그때, 우리 가정은 경제적으로 매우 어려운 시기를 겪고 있었습니다. 나는 형 둘, 누나 둘, 그리고 남동생과 함께 총 여섯 남매 중 다섯 번째였습니다. 어느 날, 동네의 어르신 한 분이 돌아가 셨고, 어머니는 장례일을 도우러 가니 나와 형, 동생에게 저녁에 돌아가신 분 의 집으로 오라고 말씀하셨습니다.

　그 시절, 우리에게 먹을 것이 부족했기 때문에, 동네의 잔치나 누군가의 장 례식은 맛있는 음식을 먹을 수 있는 소중한 기회였습니다. 친구들과 늦게까 지 놀 수도 있었죠. 어머니께서 저녁에 오라고 하신 것은, 맛있는 음식을 챙 겨주시겠다는 뜻이었습니다. 그 말을 듣고 얼마나 기뻤는지 모릅니다. 설레는 마음으로 밤이 오기만을 손꼽아 기다렸습니다.

밤이 깊어지자, 형과 나는 약속대로 동네에서 돌아가신 할아버지의 집으로 향했습니다. 도착했을 때, 어머니의 모습은 보이지 않았고, 우리는 어머니를 찾기 위해 집 안팎을 이리저리 돌아다녔습니다. 마침내, 어머니와 눈이 마주쳤을 때, 어머니는 우리를 향해 손짓하며 오라고 하셨습니다.

어머니께 다가갔을 때, 어머니는 비닐봉지 하나를 건네주셨습니다. 그 안에는 바로 우리가 간절히 원하던 떡과 고기가 들어있었습니다. 그 시절에는 정말로 먹고 싶어도 쉽게 먹을 수 없었던 귀한 음식이었습니다.

형, 나, 그리고 동생은 받은 음식을 맛있게 먹고 나서 신나게 뛰어다녔습니다. 그러다 어느 순간 형의 모습이 보이지 않게 되었습니다. 형을 찾기 위해 주변을 둘러보던 중, 갑자기 내 등 뒤에서 형이 "꼼짝 마!"라고 외치며 내 배를 대나무로 찔렀습니다. 우리는 대나무가 뽀족하게 잘린 것을 가지고 칼싸움처럼 장난을 치고 있었습니다. 처음에는 크게 아프지 않다고 생각했지만, 잠시 후 배가 아프다고 형에게 말했습니다.

형이 내 옷을 들어 올려 본 순간, 배꼽 옆으로 피가 흘러내리고 있는 것을 보고 깜짝 놀랐습니다. 형은 당황해서 그 상처가 자신의 장난 때문이 아니라, 나 혼자 동네 대나무밭에서 놀다가 넘어져서 생긴 것이라고 부모님께 말하라고 했습니다.

형은 나를 집으로 데려갔고, 도착해서는 "놀다가 다쳤다"라고 설명했습니다. 다행히 그 시기에 큰형이 군인으로 복무 중이었고, 위생병으로 근무하면서 집에 구급 약품을 갖추고 있었습니다. 내 상태를 본 아버지와 큰형은 매우 놀랐습니다. 내 옷을 올려 확인해보니, 뱃살이 찢어져 숨을 쉴 때마다 피가 흘러나왔습니다.

이에 큰형은 즉시 응급처치를 했습니다. 나를 바로 눕히고, 수술실과 바늘로 마취도 하지 않고 떨리는 손으로 상처를 꿰매기 시작했습니다. 큰형의 빠른 판단과 행동으로 큰 위험을 모면할 수 있었습니다.

아버지는 그 당시 동네에서 유일한 전화기를 사용해 택시를 호출하고 있었습니다. 그 사이, 나는 피를 토하기 시작했지만, 두려움보다는 큰형의 얼굴만 바라보고 있었습니다. 시간이 얼마나 흘렀을까, 장례를 돕고 계셨던 엄마가 놀란 얼굴로 돌아오셨고, 그때 택시도 도착했습니다.

우리 가족은 아빠, 엄마, 큰형과 함께 택시에 타고 광주로 향했습니다. 길을 가다가 나는 다시 한번 피를 토했습니다. 병원에 도착했을 때, 의사 선생님은 상황이 위급하다며 더 큰 병원으로 이동할 것을 권했습니다.

병원에 도착한 후, 나는 다시 한번 피를 토했습니다. 이번에는 맛있게 먹었던 음식이 피와 섞여 나왔습니다. 이 상황을 목격한 부모님은 크게 놀라 다른 병원으로 이동하기로 결정했습니다. 두 번째 병원에서도 비슷한 상황이 반복되었고, 의사 선생님은 출혈이 너무 심하다며 더 전문적인 치료가 필요하다고 말했습니다.

부모님은 절박한 마음으로 도움을 청했고, 다행히 병원 의사 선생님께서 자신의 스승이 계신 병원을 추천해주었습니다. 우리는 즉시 그곳으로 이동했습니다. 도착하자 의료진이 이미 대기하고 있었고, 나는 바로 수술대로 옮겨졌습니다. 수술실에 도착하니, 팔다리를 묶고 준비를 마쳤습니다. 그리고 어느새 나는 잠이 들었습니다.

눈을 뜨니 병실이었습니다. 엄마는 내가 수술 후 마취에서 깨어나기까지 삼일 반의 시간이 걸렸다고 말씀하셨습니다. 내가 대나무 꼬챙이에 배를 찔려 위의 앞뒤로 구멍이 났고, 조금만 더 늦었다면 생명을 잃을 뻔했다고 합니다. 다행히 큰형이 제시간에 지혈 역할을 해서 피를 멈추게 했고, 이로 인해 큰 위험에서 벗어날 수 있었다고 합니다. 엄마는 큰형의 빠른 대처를 칭찬하며, 형의 행동이 대단했다고 말씀했습니다.

지금 생각하면 꼭 죽을 수밖에 없는 나의 생명을 살려주신 분은 오직 하나님이심을 고백합니다. 귀한 생명을 살려주신 전능자 사랑의 하나님 진실로 감사합니다. 사랑합니다.

군에서 위생병으로 근무하던 큰형은 나를 바로 눕히고,

수술실과 바늘로 마취도 하지 않고 떨리는 손으로 상처를 꿰매기 시작했습니다.

큰형의 빠른 판단과 행동으로 큰 위험을 모면할 수 있었습니다.

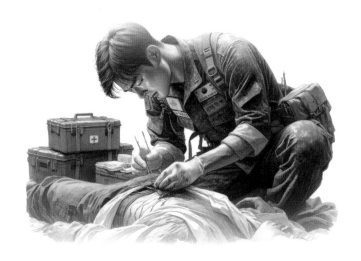

정대갑

아름답고 멋진 강과 산으로 뒤덮인 새소리와 공기 맑은 곳에서 사명감에 불타올라 뛰고 달리는 두 아들의 아버지이자 사랑하는 아내와 알콩달콩 살고 있는 멋진 사나이 산림지킴이입니다.

2. 이젠 쓰러지지 않아

- 이 형 강도사

──────── 사람은 누구나 인생을 살아가면서 쓰러지고, 일어나기를 반복합니다. 이 말은 흔히 인생을 빗대어 말할 때 실패와 성공을 의미하는 말이지만, 나에게는 그런 의미의 말이 아닙니다. 실제로 나는 수도 없이 나도 모르게 쓰러졌고, 또 일어나는 삶을 살았기 때문입니다.

가장 처음 쓰러졌다 일어났던 경험은 네 살 무렵으로 기억됩니다. 엄마가 놀란 표정으로 "괜찮아~?" 하며 몸을 흔들어 깨웠을 때 눈을 떴습니다. 눈을 떠보니 엄마는 화장실 바닥에 앉아 웅크린 채 나를 안고 눈물을 흘리며, 엄청 놀란 표정을 짓고 있었습니다. 그때 엄마의 표정을 아직도 잊을 수 없습니다. 엄마에게서 들은 상황은 이러했습니다. 고요한 한밤중에 "쿵!" 하는 소리가 낳고, 놀라서 나와 보니 화장실에 내가 쓰러져 있었다는 것입니다. 변기에는 머리를 부딪쳤는지 피가 묻어 있었고, 바닥엔 내가 머리에 피를 흘린 채 아무런 움직임 없이 쓰러져 있었다고 했습니다. 그렇습니다. 나는 잠결에 화장실에 왔고, 나도 모르게 그냥 쓰러진 것이었습니다.

그 이후로 나는 갑자기 어지럽다고 느끼기가 무섭게 의식을 잃고 쓰러지는 경우가 자주 있었습니다. 병원을 가서 진단받은 병명은 〈미주신경성 실신〉이었습니다.

미주신경성 실신은 실신 중 가장 흔한 유형으로 극심한 신체적 또는 정신적 긴장으로 인해 혈관이 확장되고 심장 박동이 느려져서 순간 저혈압이 되면서 뇌로 가는 혈류량이 감소하여 일시적으로 의식을 잃는 증상입니다. 미주신경성 실신은 질병이라기보다는 증상에 가깝고, 대부분 저절로 회복이 되기 때문에 특별한 치료는 필요하지 않다고 했습니다. 미주신경성 실신은 다행히 전조 증상이 있어서 전조 증상이 느껴질 때 제자리에 앉아 있으면, 증상이 완화되어 쓰러지는 것을 미연에 방지할 수 있다고 했습니다. 전조 증상은 실신 전에 아찔한 느낌을 받고, 순간 어지럼을 느끼고, 피부가 창백하게 변하며, 시야가 좁아지고 식은땀을 동반한다고 했습니다. 그러나 나는 어린 나이에 이러한 상황을 겪었기에 전조 증상을 느낌과 동시에 블랙아웃(순간 시야가 검게 변하며 정신을 잃고, 순간 기억이 없는 상태)이 되면서 그대로 쓰러져 버렸습니다. 언제 어떠한 상황에서 나도 모르게 쓰러지는 상황이 발생할지 모른다는 불안함에 더 긴장하며 살 수밖에 없었고, 엄마 또한 이런

나 때문에 늘 걱정하셨습니다.

초등학교에 다니면서도 갑자기 길을 걷다가 쓰러져버리는 나를 친구들이 바라보면서 처음에는 무척 놀랐다고 했습니다. 그러나 이런 일이 자주 반복되다 보니 친구들은 어느샌가 내 곁에서 항상 도움을 주었습니다. 어느 날 또 쓰러졌습니다. 쓰러질 때마다 블랙아웃을 경험하다 보니 그때마다 죽는 듯한 기분을 느꼈고, 그와 같은 공포를 느끼기 싫어서 '다시는 절대 쓰러지지 않으리라!' 다짐하고 또 다짐을 했습니다. 그러나 며칠 뒤 또 쓰러졌습니다. 의지와는 상관없이 쓰러지는 내가 너무나 싫었습니다.

쓰러지고, 또 쓰러지던 나의 생활에도 변화가 찾아왔습니다. 초등학교 5학년쯤이 되었을 때는 전조 증상을 확실히 느낄 수 있었고, 전조 증상이 나타나면 즉시 그 자리에 앉아서 잠깐 시간을 보내면 어지러운 것이 사라지고 다시일어나 활동을 할 수 있게 되었습니다. 그리고 찬물로 세수를 하면 증상은 완전히 사라지는 것도 나중에는 경험적으로 알게 되었습니다. 그때 이후로 전조 증상이 느껴질 때마다 재빨리 주저앉아서 시간을 잠시 보내면 괜찮아졌기에 나름대로 잘 대처하여 쓰러지지 않을 수 있었습니다.

그러던 중, 시간이 훌쩍 지나 고등학교 2학년 때였습니다. 쉬는 시간이 되어 화장실을 가기 위해 교실에서 복도로 걸어 나오던 중 갑자기 어지러웠습니다. 전조 증상이었습니다. 그 순간의 찰나에도 '절대 쓰러지지 않아!'라고하며 이 상황을 잘 이겨내려고 했던 것 같습니다. 그러나 이전과는 달리 전조 증상을 느끼자마자 블랙아웃이 오면서 몸이 쓰러지려 했습니다. 죽음의 공포를 느끼는 게 너무나 싫었기에 쓰러지지 않겠다는 강한 의지로 버티면서 반대 복도 쪽으로 손을 뻗었습니다. 다행이었습니다. 쓰러지지 않았습니다. 몸이 쓰러져가는 가운데 손바닥이 벽에 닿았고, 이어서 몸도 벽에 부딪혔습니다. 바로 주저앉아 견디며 전조 증상이 사라지길 기다렸습니다. 블랙아웃 상태에서 정신을 차리고 보니 저절로 온몸에 소름이 돋았습니다. 그리고 동시에 "하나님 감사합니다."라고 감사의 고백이 저절로 흘러나왔습니다. 그 이유는 죽음의 느낌을 겪지 않게 해주셔서가 아니라 '정말 내가 죽었을 수도 있었는데, 살았구나' 하는 것을 알게 되었기 때문이었습니다.

사실은 이랬습니다. 쓰러지려고 할 때 손을 뻗어서 닿은 곳은 벽이라 생각했는데 벽이 아니었던 것입니다. 내가 손을 뻗어 닿은 곳은 창문이었습니다. 열린 창문이 아니라 굳게 닫힌 창문!

만약 창문이 열려 있었다면 '체중이 쏠려 쓰러지는 상황이었기 때문에 창틀에 몸이 넘어가면서 아래층으로 추락해서 죽었겠구나.' 하는 생각이 순간 머리를 스치고 지나갔습니다. 온몸에 소름이 돋았고, 팔의 솜털이 바짝 섰던 것으로 기억합니다. 절대 쓰러지지 않으려는 몸부림 속에 손을 뻗은 곳이 굳게 닫힌 창문이었다니! 정말 하나님께 감사하지 않을 수 없었습니다.
"하나님! 저의 생명을 살려주셔서 너무나 감사합니다!"

이 글을 읽는 독자의 대부분은 뭐 이런 거로 하나님께 감사까지나 하고 그러나 하는 마음일 수 있습니다. '그냥 창문이 닫혀 있었던 게 우연의 일치 아니야? 그럴 수 있지 뭐!' 하며 대수롭지 않게 생각할 수 있습니다. 그러나 블랙아웃이 오는 상황 가운데 죽음과 같은 공포를 느끼며 쓰러지지 않기 위해 어떻게든 정신을 차리려고 버텨가며 손이 닿았던 곳이 굳게 닫힌 창문이었다는 것은 나에게 있어서는 〈죽음의 상황에서 죽지 않게 되었다〉라는 것으로 너무나도 특별한 의미입니다. 내 의지와는 상관없이 쓰러지며, 쓰러지는 줄도 모르게 쓰러질 때마다 죽음의 공포와 불안하고 찝찝한 느낌을 받는 블랙아웃의 상황을 겪어보지 않은 사람은 어떤 느낌인지 아마 상상하기 어려울 것입니다. 또한, 실제로 창문이 열려 있었으면 추락해서 죽었을지도 모를 일이기에 살아서 이렇게 글을 쓰고 있다는 것 자체도 하나님의 크나큰 은혜이고, 이 또한 감사할 내용입니다.

그 이후 몇 번 더 쓰러지는 일이 있었지만 이젠 쓰러지지 않습니다. 다시는 그 같은 죽음을 체험하는 듯한 공포를 느끼지 않아도 됩니다. 당신이 매번 나도 모르게 죽음의 공포와 두려운 느낌을 느끼다가 더 이상 그것을 느끼지 않는다고 하면 어떨까요? 당신도 분명 하나님께 감사하게 될 것입니다.

그래서 나는 더 이상 쓰러지지 않게 해주신 것, 그리고 죽었을지도 모르는 수많은 상황 가운데서 나의 생명을 지켜주셨기에 평생을 하나님께 감사하며 살아야겠다고 결심하였고, 그렇게 삶을 살고 있습니다.

이쯤에서 죽음에 대한 주제로 이야기를 나누고 싶습니다.

사람이라면 단 한 명도 예외 없이 태어나면 죽게 됩니다. 그렇다면 사람은 죽으면 어떻게 될까요? 이 질문에 대한 생각은 두 가지로 해볼 수 있을 것입니다. '사람이 죽으면 그냥 끝이지. 그다음이 뭐가 있냐?'라고 생각하는 것(무신론). 또 다른 생각은 죽어서 사는 영원한 세계(흔히 말하는 지옥과 천국)가 있다고 생각하는 것(신앙인).

각각의 생각은 다를 수 있으나 죽음을 떠올린 때, 공통적으로 하는 생각은 모두 죽음 이후의 세계를 모르기 때문에 두렵고 공포심을 갖고 있다는 것이고, 고통받지 않고 영원히 행복하게 살고 싶다는 마음을 갖고 있다는 것입니다. 죽음 이후 세계의 존재 여부는 죽어보기 전에는 절대 알 수 없습니다.

나는 죽음과 같은 공포의 느낌을 쓰러질 때마다 겪어보았기에 죽음을 놓고 진지하게 고민할 수밖에 없었습니다. 결국, 고등학교 때 '잘 모르지만, 혹시라도 죽어서 가는 세계가 있다면 고통스러운 지옥이 아닌 행복한 천국에 가고 싶으니까 하나님을 믿자.'라고 결심했습니다. 그토록 쓰러지면서 고통스러운 감정을 너무도 많이 느껴봤기에 영원한 지옥의 고통은 감히 상상하기도 싫었기 때문입니다. (만약 당신이 나와 같은 상황이라면 어떤 선택을 했을까요? 궁금하기도 합니다.)

쓰러질 때마다 죽음에 대한 두려움과 공포를 느꼈지만 더 이상 그와 같은 고통을 느끼지 않게 해주셨고, 실제로 죽을 뻔한 수많은 상황 가운데 지켜주신 것과 영원히 죽음과 같은 지옥의 세계에 가지 않고, 행복한 생명의 세계로 인도해 주신 하나님께 진정 감사드립니다.

평생 쓰러지고 또 일어나길 반복했을 인생인데, 이젠 더 이상 쓰러지지 않게 되었습니다. 이것은 내 삶에 있어서 하나님이 살아계심을 나타내신 표적이며, 내 평생의 간증거리입니다. 감사의 마음을 담아 나지막이 되뇌어 봅니다.

'이젠 쓰러지지 않아!'

쓰러지려고 할 때 손을 뻗어서 닿은 곳은 벽이라 생각했는데 벽이 아니었던

것입니다. 내가 손을 뻗어 닿은 곳은 창문이었습니다.

열린 창문이 아니라 굳게 닫힌 창문!

이형

항상 내 인생은 불쌍하고 보잘것없다는 생각을 하며 살았는데, 신앙을 통해 인생의 의미와 나의 가치를 깨닫게 되어 행복한 삶을 살게 되었고, 하고 싶은 것도 너무나 많아졌습니다. 또한, 나를 비롯하여 내 주변부터 사랑이 넘치고, 행복했으면 하는 마음으로 하루하루를 묵묵히 살아가고 있으며, 아름답고 따뜻한 세상이 되었으면 좋겠다는 생각으로 다양한 사회 활동을 하고 있습니다. 이 책을 통해 조금이나마 여러분이 인생을 살아가는 데 힘이 되길 바랍니다.

3. 급성 뇌막염에서 살아난 기적

– 박수은 권사

──────── 1988년, 완도군 농협에서 근무하던 시절, 동료 언니들과 함께 야간 근무를 소화하며 지내던 나날들이 있었습니다. 그 시기엔 저녁 식사를 자주 배달로 해결했습니다. 평소엔 외박을 해본 적이 없었지만, 그날은 달랐습니다. 퇴근 후, 평소와 같이 내 자취방으로 돌아가던 중에 왠지 모르지만 20~30미터 떨어진 동료 언니의 자취방에서 자게 되었습니다.

그날 밤의 일은 기억나지 않습니다. 잠에 빠져 들었을 때, 갑작스레 토하며 의식을 잃었고, 결국 병원으로 실려 가게 되었습니다. 혹시 그때 혼자 내 자취방에서 잠이 들었다면, 다음 날 나에게 무슨 일이 벌어졌을지 상상조차 하기 어렵습니다. 하지만 그날, 마치 무언가에 이끌리듯 동료 언니의 자취방에서 잠을 자게 된 것은 하나님의 섭리였을까요? 그렇지 않았다면 혼자 있었을 때 겪었을 위기를 어떻게 넘겼을까요, 생각만 해도 아찔합니다.

하나님께서 미리 아시고 나를 도와주신 덕분에, 그 위험한 순간을 무사히 넘길 수 있었습니다. 동료 언니와 함께 있게 하심으로써, 시기적절하게 필요한 도움을 받을 수 있었던 것 같습니다. 이 모든 과정에서 성삼위 하나님의 보호와 인도에 깊이 감사드립니다.

완도 병원에서는 식중독을 의심, 링거를 맞으며 밤을 보냈습니다. 그러나 아침이 되자 상황은 예상외로 심각해졌습니다. 아버지가 병원에 도착했을 때, 나는 이미 몸이 굳어져 있었습니다. 의사는 급성 뇌막염 진단과 함께 해남 종합병원으로의 긴급 이송을 권했습니다. 아버지의 걱정은 깊어만 갔습니다. "가다가 죽지 않으면 다행이다." 그 말이 모든 것을 대변했습니다.

해남 종합병원에서의 진단은 가혹했습니다. "급성 뇌막염, 살아도 반쪽 인생이 될 것"이라는 예언 같은 말에 가족의 절망은 깊어만 갔습니다. 그러나 희망의 빛은 교회 목사님의 기도에서 비롯되었습니다. 여러 차례의 기도 끝에, 기적 같은 회복의 기회가 찾아왔습니다.

의식을 찾았을 때 세상은 완전히 달라져 있었습니다. 사물이 50개 이상으로 모든 것이 중첩되어 보이고, 어지럽고, 사람 목소리는 뇌를 울리게 했습니다. 몸은 힘을 잃고, 음식은 받아들이지 못했으며, 움직일 수 없었습니다. 몸

상태는 점점 악화되었습니다.

이때, 농협 지부장님은 서울의 대형 병원 이송을 제안했습니다. 하지만, 완도 한약방 삼촌은 다른 의견이었습니다. "이 병은 한방 치료가 답이다" 그 말에 아버지는 결정을 내렸고, 나는 아버지의 등에 업혀 집으로 돌아왔습니다.

영양제 6시간짜리를 맞고 또 4시간짜리를 맞은 후 한약을 먹었습니다. 토하지 않는 것만으로도 큰 진전이었습니다. 아버지의 끊임없는 간호 아래, 점차 회복의 길을 걷기 시작했습니다. 이 어려운 시기를 겪으며, 가족의 사랑과 목사님의 기도, 그리고 한방의 힘이 어우러진 기적 같은 회복 이야기가 탄생했습니다.

하루 운동은 벽 짚고 간신히 좁은 방 한 바퀴 돌면 끝이었습니다. 그럴지라도 '1% 살 수 있는 가망성이 있으면 100% 살 수 있다'라는 희망을 품게 되어 살아 있다는 자체가 너무나도 감사했고 주님의 은혜가 특별함을 깨달았습니다. 감사 생활을 하게 되고 생각도 늘 선평하게 되었습니다.

회복의 순간부터 지금까지, 부작용 하나 없이 건강하게 지내왔습니다. 그후 계속 직장 생활을 하다가 어쩌면 운명이었을까요? 인삼의 고향, 금산에서 한약과 인삼 건강제품 가게를 열었고, 벌써 24년이라는 세월이 흘렀습니다. 생명을 구해주신 성삼위 하나님께 깊은 감사를 드립니다.

만약 신앙생활을 하지 않았었다면 육신의 고통이 너무 커,

마음을 주관 못 해 원망하며 포기했을 겁니다.

그러나 신앙으로 이기며 내 영혼은 주님께 의지하게 됩니다.

미리미리 은밀히 도와주시고 생명을 보호해주시고

지켜주셨음을 확실히 깨닫고 감사합니다.

박수운

가게 오픈 1년 전 꿈에 트럭에서 왕성한 인삼 한 뿌리 받았는데 그 크기와 몸집이 188cm 남편 크기만 하고 세 사람이 인삼을 짊어지고 매점으로 들어가는 신기한 꿈을 꾼 적이 있는데 인삼가게를 하게 됐네요. 영육 건강의 지름길로 인도해 주심에 감사하고 주님을 모시고 살아가니 행복합니다. 현재 광재인삼 대표

제4장

운 좋았다고만 말하기엔
충분하지 않은 이야기

"운이 좋았다는 것은 그저 겉보기에 불과하다."

1. 불구덩이에서 살려주신 하나님

– 하영주 권사

———————— 시골에서 도시를 오고 가면서 1년간 살았을 때의 일입니다. 시골은 많은 곳곳에서 도시와 달리 쓰레기를 태워서 없애는 방법으로 처리를 합니다. 남편은 폐가 별로 안 좋아서 쓰레기 소각은 무서워도, 냄새나도 주로 내가 담당을 했습니다.

그날은 교회의 기도회가 있었는데 참석을 못 하고 온라인으로라도 같이 기도하기 위해 이어폰을 귀에 꽂고 기도를 하면서 쓰레기를 모으고 있었습니다.

점점 어두워지고 추워져서 내 손이 바쁘게 움직였습니다. "얘들아! 쓰레기 소각하자." 집 안에 있는 아이들에게 나와서 도와달라고 소리를 쳤습니다. 그 당시 아이들은 불장난하듯 쓰레기 소각하는 것을 좋아했습니다. 여느 아이들처럼요. 탁탁 불꽃이 튀는 소리도 좋아하고 불이 따뜻하니 옹기종기 모여서 얘기하고 타는 모습 보면서 내 죄도 태워야 한다는 얘기도 하는 등 쓰레기 태우는 시간은 애들이 좋아한 활동 중의 하나였습니다. 나는 아이들이 동시에 일하고 동시에 도와주고 협력해서 선을 이루게 하는 것을 좋아합니다. 협동하는 모습과 서로서로 가족의 구성원으로서 마땅히 집안일도 돕고 해야 한다고 평소에 가르칩니다.

그러나 그날은 이상하게 큰아들만 따라 나왔습니다. 내가 다른 아이들도 이름을 불렀으면 아이들은 따라 나왔을 것입니다.

하지만 그날은 그렇게 하지 않고 그냥 빨리 마무리하고 싶어 마당에 불을 지피는 곳에 쓰레기를 왕창 넣고 불을 켰습니다. 얼마 안 있어서 활활 타오르고 붉은빛과 파란빛을 냈습니다. 그런데 어디선가 지글지글 소리가 났습니다. 안 들어 본 소리였습니다. 나는 궁금해서 불에 가까이 더 다가갔습니다. 삼겹살이 구워지듯, 지옥 불이 훨훨 타오르듯 그 소리에, 알 수 없는 힘에, 불빛에 이끌리어 무언가를 자세히 보기 위해 내 얼굴을 불 가까이에 갖다 댔습니다. 기도를 하면서 말입니다.

펑!!! 하는 폭발음, 꽝음 소리가 귀가 찢어지게 들렸습니다. 그 소리가 하도 커서 폭탄이 터지는 소리 같았습니다. 불길은 나와 큰아들이 있었던 곳이 아닌 쪽으로만 번졌고 밖에서도 불똥이 크게 떨어져 쓰레기통을 다 태우고 불이 붙고 있었습니다.

아~

순간, '이건 큰 사고구나!' 하는 느낌이 들었습니다. 재빨리 불이 붙었을 것을 예상해서 내 겉옷을 황급히 벗어 던지고 큰아들을 찾았습니다. 큰아들도 엄마 괜찮냐고 물어보고 있었습니다. 운동신경이 좋아서인지, 그래도 재빠르게 불길을 피해 저 멀리 다행히 피해 있었습니다.

얼마나 하나님께서 조마조마하셨을까요? 터지기 직전의 불길 앞에서 코박고 무지하게 있었으니 말입니다. 인간은 한 치 앞을 볼 수 없이 살아가는 미약한 존재입니다. 하나님이 천군천사들을 급히 보내셔서 우리를 보호하사한 군데도 불똥이 떨어지지 않았습니다. 저희 몸에, 옷에 튀지도 않고 붙지도 않았습니다. 하나님께서 나의 얼굴을, 내 사랑하는 잘생긴 아들의 얼굴과 몸을 불에서 건져주셨습니다. 할렐루야! 너무나 감사드립니다.

그 주 말씀이 '우리를 지켜주시는 하나님'이었는데 정말 말씀대로 우리를 구해주셨습니다. 인간이 최고로 느끼는 고통 중의 하나가 불에 덴 고통, 화상의 고통이라 들었습니다. 털끝 하나 다치지 않고 상하지 않게 해 주신 것은 정말 기적 같은 일이었습니다.

우리 둘째랑 셋째랑 나오지 않은 것도 천만다행입니다. 우리 아이들 두 명도 살려주신 기적과 같은 사건이었습니다. 나머지 두 아이가 나왔으면, 분명 서 있을 곳이 없어 불길이 번진 곳에 우리 아이 중 누군가는 서 있었을 것입니다. 피해를 받을 수 있는 장소에 미리부터 가지 않게 역사해 주신 것입니다.

하나님, 정말 감사합니다. 역시 생명의 주관자이십니다. 평생 잊지 않고 보여주신 은혜 증거하겠습니다.

도시로 돌아오는 차 안에서도 계속 내 영은 너무 놀랐는지 귀에서 사이렌 소리가 들리고 응급실 가는 게 보이고 했습니다. 하나님이 안 도와주셨으면 우리는 그러했으리라 생각이 들었습니다. 지옥 불에 덴 것처럼 평생을 고통 가운데 살았을 수도 있었습니다. 사고 나고 도와주시는 경우도 많지만 사고 나지 않게 도와주신 경우는 더 많을 것임이 깨달아졌습니다. 왜냐하면, 인간은 많은 면에 무지하다는 것을 알기 때문입니다.

더욱 깨달은 것은 우리 육의 일생을 죽음에서 살려주신 것도 엄청 크지만, 영이 영원히 죽을 수도 있는데 죽지 않게 살려주시고 영원히 타는 지옥 불에 가지 않게 해 주심이 어마어마하게 큰 은혜요, 감사입니다.

성삼위께
정말 감사합니다.
구원자 예수님께

진실로 감사합니다.

평생 잊지 않고 기억하며 그 은혜에 보답하는 삶을 살겠습니다. 사랑합니다.

아들과 함께 기도하면서 쓰레기를 소각하는데 정신없이 움직였습니다.

그러다가 삼겹살이 지글지글 타듯이 불구덩이에서 소리가 났습니다.

얼굴을 들이밀고 다가갔을 때 "펑" 하고 폭발음이 멀리 떨어진 집까지 났을 정도로

큰 소리와 함께 불들이 밖으로 튀어나와 다른 곳을 다 태우고 있었습니다.

정말 우리를 털끝 하나도 다치지 않게 지켜주신 전능자 하나님께 감사드립니다.

하영주

영어교육가, 작가, 번역가로 활동 중입니다. '죽기 전에 꼭 하고 싶은 것들 2'(공저), '자녀를 위한 축복기도문' 집필 중, 유튜브 구독자 4천 명 '생명 사랑' 채널(기도와 신앙) 운영 중, youtube.com/c/momsprayer, 인스타 momsprayer2022
'하글로리' 하나님 영광 독립출판사 오픈

2. 술통이 무덤이 될 뻔

- 강빛나 집사

대학 생활의 첫해, 술과 사랑에 푹 빠져 지냈습니다. 동아리 활동은 매일 밤을 소주와 맥주로 채우며, 음주 후에는 가스펠송과 찬송가로 마무리하는 것이 일상이었습니다. 어느 날, 소주 12병을 비워내고 택시에 오르니, 모든 것이 아버지로 보였습니다.

"얘가 내 딸이유."

아버지는 손님을 태우고 목적지를 향해 가다가 갑자기 여자를 앞자리에 태우니 변명을 해야 했던 것입니다. 집에 도착하자, 어머니는 '한 번만 더 코가 삐뚤어지게 마시면 집에서 쫓겨날 줄 알라'라고 경고했습니다. '남편도 술을 잔뜩 마셔서 속을 썩이는데 딸까지' 술로 가득 찬 삶에서, 나는 아버지만큼이나 집안의 속을 썩였습니다. 참, 내가 생각해도 답이 안 나온 상황이었습니다.

변화는 1학년 2학기, 과 대표가 되면서 시작되었습니다. 종강 파티에서 첫 잔을 거부하다가, 마지막에 맥주 한 모금을 마시고, 그 후 한 달간 배가 아팠습니다. 화장실을 오가며, 아무것도 나오지 않는 좌변기에 앉아 있는 시간들. 수백 번을 그랬을 것입니다. 그때 깨달았습니다. '술을 안 마시겠다고 한 하나님과의 약속을 깜빡하고 어겼다'라는 사실을. 365일 중 300일을 술을 마시고 물을 먹어도 단내가 났을 정도니 참 무섭게 마셨습니다. 이렇게 술을 거의 매일 마시며 살았던 나는, 하나님과의 약속을 지키지 못한 것에 깊이 반성했습니다.

그 순간부터 술을 끊었습니다. 20살에 술을 끊지 않았다면, 아마도 술병으로 세상을 떠났을 것입니다. 하나님은 죽음의 순간에서도 나를 구해내셨습니다. 술통에서 살려주신 하나님께 감사와 사랑을 드리며 지금까지 나를 위해 금이야 옥이야 기도해주신 목사님께 무한한 감사와 사랑을 드립니다.

내가 똥통 같은 술통에 빠져들어 갈 때

하나님은 나의 손을 잡아주시며 끌어주셨습니다.

강빛나

연극인, 캘리그래퍼, 플로리스트, 아마추어 축구선수.
'살아있는 모든 것은 예술이다.' 나의 멘토의 잠언입니다.
살아있는 자체를 감사드리며, 산 자로서 모든 것을 할 수 있기에 감사합니다. 자기 만들기,
인생작품으로 살고파 지금도 몸부림 중~

3. 살아 있으나 죽음의 삶을 살았던 아이

– 이형 강도사

나무는 생채기(상처)가 나면 다시는 그 부분에 상처를 입기 싫어서인지 더 단단하게 살을 메우며 옹이를 만듭니다. 사람도 이처럼 누구에게나 성장하면서 상처로 인해 더 단단하게 만들어버린 옹이를 최소 한두 개씩은 모두 갖고 있다고 생각합니다. 사람에게 있어서 옹이는 어떤 상황, 사고를 통해, 혹은 사람을 통해 마음을 다치면 다시는 그 같은 고통을 겪지 않기 위해 자기만의 방어기제를 만들어 회피하려 합니다. 혹은 반대로 그와 같은 상황이 주어지면 더 강하게 반응하며 아예 그 일을 겪지 않도록 하는 심리상태라고 정의하고 싶습니다. 그것이 자기도 모르게 내면의 깊은 상처가 되어 절대 지울 수 없는 트라우마로 남기도 합니다.

어릴 때의 기억을 떠올렸을 때, 가장 강력한 기억이 엄마, 아빠가 엄청 심하게 싸웠던 장면입니다. 바닥에는 TV 등 온갖 가전기기가 부서져 있고, 화분을 던져서 흙과 화초가 여기저기 흩어져 있으며, 유리컵의 파편들이 날카롭게 쪼개져 잘못 발을 디디면 유리 조각에 발이 찔릴 지경이었습니다. 또 바닥 여기저기 핏자국과 피가 튀어있었습니다. 눈을 뜨고 이 모든 상황을 직면하는 게 무서워 눈을 질끈 감은 채 한쪽 구석에 잔뜩 몸을 웅크려 공포에 떨고 있는 나와 여동생이 엄마, 아빠 눈에는 보이지 않았던 모양입니다.

또한, 온갖 공포스러운 고성과 욕설이 허공에 날카롭게 칼날처럼 날아들며 나의 마음에 꽂혔습니다. 엄마, 아빠는 마치 격투기를 실제로 하듯이 온몸에 힘을 주어 밀고, 때리며, 날카로운 도구로 서로를 위협하는 아찔한 순간도 있었습니다. 지금 생각해 보면, 둘 중 한 명이 죽었어도 이상하지 않을 정도의 정말 위험하고 끔찍한 순간이었습니다. 그러하기에 떠올리고 싶지 않은 장면이지만 과거 가장 불행했던 순간, 기억에 남은 한 장면을 떠올리라고 하면 왜 이렇게도 선명히 기억나는지 모르겠습니다. 아마 흔히 말하는 트라우마로 강하게 남았기 때문일 것입니다. 이렇게 나의 나무에 가장 큰 옹이로 남게 되었습니다.

단, 한순간도 사랑받고 있다는 느낌을 받을 수 없었고, 왜 살아야 하는지도 몰랐습니다. 행복이라는 느낌이 무엇인지도 못 느끼며, 무기력하게 의미도 모른 채 시계 초침이 의미 없이 그저 돌아가듯 그렇게 나는 호흡은 하고 있으나 죽음의 삶을 살고 있었던 것과 다름없는 삶을 살았던 것입니다.

살아야 할 이유를 몰랐고, 그냥 죽고 싶었습니다. 이 세상이 너무나도 싫었습니다. 세상을 비관해 염세주의에 빠졌고, 이렇게 불행하게 만든 하나님도 너무나 원망스러웠습니다. 어느 날, 웃고 있는 나의 모습을 거울을 통해 바라보았을 때 '삶은 불행한데 왜 웃냐?'라며 거울을 향해 주먹을 힘껏 날렸습니다.

그렇게 죽음과도 같은 삶을 살아가던 어느 날, 문득 이런 생각이 들었습니다. 부모님께는 죄송하지만 '부모님처럼 살기 싫다.'라는 생각을 했습니다. 그러면서 '한 번뿐인 인생을 왜 저렇게 불행하게 살아갈까? 나는 정말 행복하게 살고 싶다. 성공하고 싶다.'라는 욕구를 갖게 되었습니다. 지금 생각해 봐도 무슨 계기로 그런 생각을 했는지 이해가 되지는 않지만, 이러한 생각을 하게 됨으로써 인생이라는 것을 진지하게 고민해보고, '내 인생 한번 잘살아볼 수 있지 않을까?' 하는 생각을 했습니다. 그때 나이는 14살, 중2였습니다.

그러면서 당시 생각이 드는 게 행복하게 살려면, 성공하려면 공부를 해서 좋은 학교에 가는 것이라고 생각을 했습니다. 지금 생각해 보면 참으로 수준 낮은 생각인데, 당시 중2일 때 나이를 생각해 보면 딱 그 정도 수준의 생각이지 않았나 싶습니다. 그래서 그 이후 공부를 열심히 하여 나름 지역의 명문고라고 하는 고등학교에 진학했습니다. 공부할 당시에는 삶의 동기부여가 확실하고, 의욕이 있으니 너무나 공부하면서 행복했습니다. 그러나 그 행복도 오래가지 못했습니다. 고등학교 진학을 하고 보니, 각 지역에서 날고 기는 아이들이 오다 보니 공부를 하여도 성적이 잘 나오지 않고, 그러면서 나 자신에게 실망하며 좌절감에 빠지게 되었습니다. '나는 앞으로 살아야 할까? 내 인생은 정말 죽음의 구렁텅이에서 끝나는 것일까?' 어떻게 해야 할까 고민할 때쯤 교회를 다시 다녀야겠다는 생각을 하게 되었습니다. (참고로 어릴 때부터 교회를 열심히 다니며, 성경공부도 하며 성경에 대한 호기심도 많았습니다. 그러나 중2 때 행복하고 성공하고 싶다는 열망에 공부해야겠다 결심하며 그때부터 교회를 다니지 않았습니다.)

어떤 교회를 다녀야 할까 고민하고 있던 당시 한 친구가 나에게 다가와 "오늘 교회 가는데 같이 가자."라고 했습니다. 마침 교회를 어디로 다닐지 고민하고 있던 차에 너무 잘 됐다고 생각했습니다. 그래서 다시 교회를 가게 되었습니다. 그 교회가 지금 다니고 있는 교회이며, 그 이후 교회를 다니면서 나는 죽음의 삶이 아닌 완전히 다른 삶을 살게 되었습니다.

교회에서 성경을 배우면서 그동안 몰랐던 하나님을 제대로 알게 되었습니다. 과거에 추상적으로만 생각했고 나와는 상관없이 느껴졌던 하나님이 아니라 나의 생활 가운데 직접 함께하시며 살아 역사하시는 하나님을 깨닫게 되었습니다. 기도할 때마다 응답해주셨고, 나의 죽어있던 마음, 아팠던 상처, 이 모든 것들이 아물며 치유가 되었습니다. 물론 그렇게 되기까지 오랜 시간이 걸렸습니다. 결국, 병들어 죽어가던 나의 나무는 푸릇푸릇한 녹음이 짙은 나무가 되었습니다. 비로소 내 삶은 죽음의 삶이 아닌 생명의 삶을 살게 된 것이죠.

나의 상처들이 더 단단한 살로 채워지며 치유가 되니 부모의 삶도 이해하게 되었습니다. 당신들의 삶이 얼마나 고통스러웠을지, 스스로도 본인들의 삶을 어떻게 살아야 할지 답을 몰라 헤매고 있었을 것입니다. 본인 스스로의 삶의 문제가 해결되지 않아 힘들었고, 그러한 문제로 인해 자녀들에게 상처를 준 것을 그 누구보다 마음 아파했다는 것을 이해하며 깨달았습니다. 그래서 지금은 부모님께 원망하는 마음은 단 1도 없으며, 불행한 인생을 살아오셨으니 앞으로의 삶은 행복하게 살자고 말씀드리며 함께 행복하게 잘 지내고 있습니다.

이번에 죽음이라는 주제를 놓고 글을 쓰는 계기를 통해 이렇게 나의 인생을 전체적으로 돌이켜 보는 계기가 되었습니다. 나에게는 지금까지 삶을 살아오는 과정에서 각각의 상처로 인한 옹이가 너무나도 많았다는 것을 알게 되었습니다. 또한, 죽음을 떠올려 보았을 때 육체의 죽음을 생각하기보다 삶 자체가 의미가 없는 삶이었기에 몸은 살아 있으나 실제로는 죽음의 삶을 살고 있던 것은 아니었을까요? 이러한 고통스러운 삶을 벗어나 행복을 느끼며 살게 해주셨으니 이 또한 죽음에서 살려주신 것입니다.

과거 불안과 공포, 두려움 속에서 아무런 희망도 없이, 살고 싶다는 의지도 없이 불행하게 살던 나! 과거에 '부모님처럼 살지 않으리라! 행복한 인생, 성공한 인생을 살고 싶다' 각오했던 중2 때의 나는 지금 어떻게 변해있을까 궁금할 것입니다.

나는 나 자신과의 약속을 이뤄 사랑하는 아내를 만나, 두 명의 사랑스러운 아들과 함께 사랑이 넘치는 화목한 가정, 안정적인 가정을 이뤘습니다. 또한, 삶의 의미를 몰라 죽고 싶었으며, 세상을 증오해 염세주의에 빠져 살았던 내가 지금은 나의 인생을 넘어 타인에게 도움이 되는 선한 영향력을 끼치는 삶을 살기 위해 노력하고 있습니다. 나의 삶을 변화시키기 위해 수많은 인문 서적도 읽고, 자기계발서도 읽으며 나름대로 노력을 끊임없이 해왔습니다. 또한, 나의 인생을 두고 하나님께 간절히 기도했습니다. 그때마다 하나님은 나를 변화시켜주셨습니다. 그렇게 나는 매일매일 성장하며, 발전하기 위해 오늘도 열심히 삶을 희망차게 살아가고 있습니다. 말 그대로 너무 행복한 인생이며, 이렇게 사는 것이 성공한 삶이 아닐까 싶을 정도로 만족하며 삶을 살고 있습니다.

한 번뿐인 인생, 다양한 경험도 하고 싶고, 성취하고 이루고 싶은 꿈도 너무나 많습니다. 과거에 몸은 살아 있고, 호흡은 하고 있으나 삶 자체가 죽음이었던 삶. 그 죽음과 같던 삶에서 건져내어 이토록 희망차게 삶을 살아갈 수 있도록 해주셨으니 이 또한 하나님께서 인생 전체를 죽음에서 살려주신 것임을 확신합니다. 신앙생활을 하기 전과 후는 확연히 다릅니다.

신앙생활 전: 불안과 공포에 휩싸였던 아이, 우울했던 기억, 무기력, 부정적, 불안정, 염세주의, 사랑받지 못한 아이, 불행한 아이 등 부정적 단어들. 죽음의 삶

신앙생활 후: 희망, 행복, 긍정적, 안정감, 치유, 자존감이 높은 사람, 만족, 자아실현, 자기계발, 살아 있음 등과 같은 긍정적 감정의 단어들. 생명의 삶

삶 자체가 죽음과 같은 어두운 삶을 살았기에 어쩌면 삶을 비관해 스스로 목숨을 끊었을 수 있었습니다. 그러나 하나님은 나를 홀로 두지 않으시고 그러한 비극적이고 고통스러운 죽음의 삶을 벗어나도록 구원해주셨습니다. 내가 사랑받고 존중받아야 할 귀한 생명임을 깨우쳐 주신 거예요. 우리가 모두 단 하나밖에 없는 귀한 생명이며, 사랑받고, 존중받아 마땅한 귀한 생명인 것이죠.

죽음과도 같은 고통의 인생에서 이토록 귀한 인생을 의미 있고 희망차게 열정적인 삶을 살 수 있도록 해주신 하나님께 진정 감사드립니다.

나의 죽어있던 마음, 아팠던 상처. 이 모든 것들이 아물며 치유가 되었습니다.

물론 그렇게 되기까지 오랜 시간이 걸렸습니다.

결국, 병들어 죽어가던 나의 나무는 푸릇푸릇한 녹음이 짙은 나무가 되었습니다.

비로소 내 삶은 죽음의 삶이 아닌 생명의 삶을 살게 된 것이죠.

이형

항상 내 인생은 불쌍하고 보잘것없다는 생각을 하며 살았는데, 신앙을 통해 인생의 의미와 나의 가치를 깨닫게 되어 행복한 삶을 살게 되었고, 하고 싶은 것도 너무나 많아졌습니다. 또한, 나를 비롯하여 내 주변부터 사랑이 넘치고, 행복했으면 하는 마음으로 하루하루를 묵묵히 살아가고 있으며, 아름답고 따뜻한 세상이 되었으면 좋겠다는 생각으로 다양한 사회 활동을 하고 있습니다. 이 책을 통해 조금이나마 여러분이 인생을 살아가는 데 힘이 되길 바랍니다.

4. 하루에 두 번 죽을 뻔

– 한근수 권사

고속도로를 시속 120km로 질주하던 중, 갑자기 차량이 기우뚱했습니다. 처음엔 무언가 잘못되었다는 사실을 감지하기 어려웠지만, 곧 이상함을 느끼고 급히 차를 갓길에 세웠습니다. 타이어를 확인해 보니, 퍽 주저앉아 있었습니다. 고속도로에서의 펑크는 대개 차량의 제어 불능을 초래하며, 핑그르르 돌거나 주변 차량과의 충돌로 이어지곤 합니다. 그러나 우리 차는 놀랍게도 기우뚱할 뿐, 아무런 추가 사고도 발생하지 않았습니다. 평소와 다르게 고속도로 들어가는 순간부터 긴장하는 마음을 주시고 핸들을 꽉 잡게 해주셨습니다. 전능자 하나님께서는 미리 아시고 우리 세 사람의 생명을 지켜주시기 위해 마음과 생각을 잡아주시고 타이어가 주저앉았어도 추가 사고가 없게 도우셨다는 사실을 깨달았고, 그 감사함을 말로 표현

할 수 없었습니다.

　타이어가 펑크 난 후 정차한 곳은 2차선 고속도로의 좁은 갓길이었습니다. 추운 날씨에 레커차를 기다리는 동안, 우리는 차 안에서 히터를 켜고 기다리기로 했습니다. 하지만 큰 덤프트럭이 지날 때마다 차량이 심하게 흔들려, 불안감이 증폭되었습니다. 견인차가 도착했을 때, 우리가 차 안에서 기다리고 있다는 사실을 알고, 견인차 기사는 화를 내듯이 엄청 큰 소리로 "죽으려고 작정했냐"라고 하였습니다. 그는 우리에게 이런 상황에서는 차를 세우고 가드레일 밖으로 나가 있어야만 생명을 보장받을 수 있다고 경고했습니다.

　그날, 고속도로에서 하루에 2번이나 죽음의 고비를 넘어서게 하였습니다. 처음으로는 기적적으로 차량이 제어되어 추가 사고가 없었던 것, 두 번째로는 견인차 기사가 적시에 도착해 우리에게 필요한 조언을 준 것, 한 치 앞도 모르는 우리를 살리기 위해서 전능자 하나님께서는 긴장된 마음을 주시고 견인차 기사의 마음을 조급하게 하여 속히 사고 지점까지 오게 하신 것이었습니다.

　이 경험을 통해, 안전운전의 중요성과 더불어, 인생의 어떤 순간에서도 불꽃 같은 눈으로 지켜주시는 하나님께서는 우리를 보호하고 계심을 다시 한번 깨닫게 되었습니다. 지금의 내가 존재하기까지 지켜주심을 감사하고 감사합니다.

생명을 사랑으로 지키시는 하나님께서 견인차 기사를 급히

보내 위험지역에서 구해주시는 장면입니다.

한근수

3대째 기독교 집안에서 태어났습니다. 어려서 엄마의 손을 잡고 교회에 다니며 하나님과 예수님의 존재하심을 믿었지만 성장하면서 인생의 삶과 이해할 수 없는 성경 속에 정말 하나님은 계실까, 만나고 싶고 느끼고 싶었습니다. 방황하고 찾던 중 마침내 내 곁에 함께하시는 하나님을 만나게 되었습니다.

5. 하나님을 만나기까지

- 양선경 집사

――――――― 1남 6녀. 당시 우리 집은 경제적으로 넉넉지 않아 부모님은
이 일 저 일 가리지 않고 일하셨습니다. 7명의 남매 중 마지막 7번째. 2~3살
터울이라 엄마의 몸은 회복도 안 된 상태에서 일도 힘들게 하시면서 나를 낳
으셨고, 그래서인지 체질적으로 약한 몸으로 태어났습니다.

1970년 후반 대한민국은 "잘살아보세~~ 잘살아보세~~" 하며 새마을 운
동을 한창 하던 때 나는 아장아장 걸어 다녔습니다. 어느 날, 마을 정비 차 동
네에서 쥐약을 나눠줬고, 엄마는 그날 몸이 안 좋으셔서 할머니가 쥐약을 대
신 받아와 집에 있던 큰 언니에게 건네주었습니다. 큰 언니는 그 쥐약을 마
루에 놓았습니다. 엄마는 몸이 안 좋으셔서 방에 누워 계셨는데 느낌이 이상

하여 마루에 나와 보니 내가 거품을 물고 쓰러져 있었던 것입니다. 그때 당시 쥐약은 알록달록 과자처럼 맛있게 생겼습니다. 다행인 것은 약효가 강력하지 않아서 쥐가 잘 안 죽었다는 것입니다. 아장아장 걷던 나는 마루에 있던 쥐약이 과자인 줄 알고 먹은 것입니다.

엄마는 놀라서 병원에 갔고 위세척을 하고 회복할 때까지 더 병원에 있어야 하는데 가정 형편상 입원 치료를 못하고 통원치료를 해야 했습니다. 어느 날 병원에서 주사를 맞고 의식을 잃고 말았습니다.

"아이는 살기 어렵습니다. 병원에서 장례를 치를 것인가요? 아니면 집에 데려갈 것인가요?"
"집으로 데려가겠습니다."

엄마는 아이가 의식을 잃고 죽어있는 것을 다른 사람이 보지 못하도록 품에 꼭 껴안은 채 버스를 탔습니다. 집에서 조용히 묻어줘야겠다고 생각하며 버스를 타고 한참을 가는데 아이의 소리가 들렸습니다.

"엄마!"
이 이야기를 들었을 때 죽은 자식을 품에 꼭 껴안고 오시던 엄마의 마음이 느껴져 눈물이 났습니다.

그 후 4~5살 무렵 엄마가 사과 과수원에서 일을 하셨는데 먹을 것이 많이 없던 때라 상처 난 사과를 가져오셔서 먹으라고 주었습니다. 너무 많이 먹어서 그런지 급체를 해서 쭉 처져 버렸습니다. 병원에 가서 약도 먹어 봤지만, 소용이 없었습니다. 집주인 할머니는 엄마에게 조심스레 말을 했습니다.

"새댁 아이는 살지 못할 것 같으니 마음의 준비를 해야겠어."

그러던 중 동네 친척 할머니가 오셔서 아주까리기름을 주셨고, 생으로 그냥 먹이면 계속해서 설사를 하니 팔팔 끓여서 먹여야 한다고 했습니다. 할머니 말대로 끓인 아주까리기름을 먹였는데 엄청난 양의 대변을 보면서 서서히 살아났다고 합니다.

마지막 사연으로 초등부 때 친언니들을 따라 교회에 다녔지만, 예수님이 양들과 같이 다니시니 그저 예수님은 양치는 사람으로만 생각했었습니다. 워낙 소심한 성격 탓에 사람들에게 상처를 받고 교회를 다니지 않았습니다. 그러면서 '나는 사람들과 잘 접하지 않는 절에 다녀야겠다.'라는 마음을 품고 살았습니다.

그러던 나에게 고등학교 친구의 권유로 교회에 가게 됐고, 여전히 사람들 사귀는 것이 쑥스러워 친구가 교회에 갈 때만 가게 되고 그러면서 점점 가지 않게 되었습니다. 그러던 중 대학교에 입학하게 되었습니다. 새내기로 캠퍼스의 젊음을 만끽하고 있던 때 교회 전도사님이 찾아왔고 그 후 다시 교회를 가게 되었지만, 적응을 잘 못 했습니다.

어느 날 교회 언니와 교회에 가겠다고 약속을 했는데 가지 않고 밤늦게까지 학교 일을 하다 밤이 늦어져 택시를 타고 집에 갔습니다. 그날따라 택시를 탔는데 기분이 너무 이상했습니다. 집을 향해 가고 있는 택시에 음주 운전자의 차가 끼어들면서 교통사고가 났습니다. 캄캄한 밤이었고 도로 주변은 개발되지 않은 허허벌판이었습니다.

다행인 것은 내가 타고 있던 택시기사가 핸들을 잘못 틀었다면 그 허허벌판 낭떠러지에 떨어져 큰 사고가 날 뻔했는데 작은 언덕으로 차가 정차되면서 죽음을 면하게 되었습니다. 아직도 급브레이크 밟는 "끽~~!!!" 소리가 귀에 쟁쟁합니다.

그날 하나님이 택시기사의 운전대를 잡아주셔서 나의 육신도 살리셨고, 나의 영도 살리시어 그 후 교회에 열심히 다니게 되었습니다. 지금까지 다니면서 이제는 하나님 없이 못 사는 인생이 되었습니다. 전화위복의 계기가 된 너무 귀한 날이었습니다.

육의 생명도, 영의 생명도 살려주신 하나님 진정 감사하고 사랑합니다.

나의 나 된 것은 오직 하나님의 은혜와 사랑임을 고백 드립니다. 참으로 죽을 고비가 많았던 나의 삶인데 생명을 사랑하시는 하나님께서 그때마다 살려주시는 기적을 일으켜 주심에 진실로 감사드립니다. 하나님 진정 사랑합니다.

자식이 죽어서 억장이 무너지지만 그래도 한 가닥의 희망을 품고,

또 '죽은 아이 왜 데리고 왔느냐!'라고 타박할까 봐, 가슴에 꼭 품고 왔던 엄마…

하늘은 스스로 돕는 자를 돕는다고 했던가! 포기하지 않고 끝까지

한 줄기의 희망으로 가슴에 품고 온 정성으로 기적같이 살아난 아기.

이제 그 아기가 어른이 되어 고백 드립니다.

엄마~ 병원에선 죽었다고 포기했지만, 그냥 병원에 놔두지 않고

엄마의 정성과 사랑으로 품에 안고 와 살게 해주셔서 감사하고 감사합니다.

사랑해요. 오래오래 함께 살아요.^^

양선경

1남 6녀의 막내딸로 태어나 부모, 형제 사랑받고 자랐으며, 현재는 한 남편의 아내 그리고 두 아들을 둔 엄마로서 살아가고 있습니다. 받은 사랑 이제는 나눠주는 사회복지사로 일하고 있고 매일 더 멋진 사람으로 살고 싶어 도전하며 살고 있습니다.

6. 다리 밑의 사투

– 이수진 집사

결혼 전의 일입니다. 섭리에 와서 21일, 40일, 70일, 100일 새벽기도 조건을 많이 쌓았는데, 그때는 천일 작정 기도를 하고 있을 때였습니다. 청주 고향에 있다가 서울로 직장을 구해서 올라갔고, 서울에 간 지 며칠 되지 않았을 때 새벽기도를 위해 가는 중이었습니다.

청주에서는 늘 새벽기도 갈 때 40분, 1시간 정도 되는 거리를 걸어서 다녔기 때문에 걸어서 교회 가는 것이 힘들지 않았습니다. 그래서 서울에서도 걸어서 열심히 교회에 가고 있었는데, 처음 가보는 길이라서 이정표만 보면서 갔습니다. 어느 순간 사람들이 없고, 한적한 길이 나왔습니다. 열심히 걷고 있었는데, 갑자기 뒤에서 한 남자가 한 손으로는 내 입을 틀어막고 한 손에는 칼을 목에 대고 위협하면서 끌고 갔습니다.

나는 순간 너무 당황했습니다. '이것이 꿈인가? 생시인가? 어떻게 해야 하지?' 짧은 순간 엄청나게 많은 생각을 하게 되었습니다. 그러다가 그 남자가 다리 밑에 아무도 보이지 않는 곳에 가더니 그제야 놔주었습니다. 나는 그 남자가 손을 떼자마자 젖 먹던 힘까지 다해서 아주 아주 큰소리로 목청껏 하나님, 성령님, 예수님을 불렀고, 당황한 그 남자는 칼을 휘두르면서 조용히 하라고 했습니다. 나는 손으로 막다가 오른손 엄지손가락과 검지 사이에 아주 깊은 상처가 났습니다. 피가 나니까 그 남자가 당황하면서 그만하라고 했습니다.

나는 기도하면서 이 상황을 어떻게 해결해야 하나 깊은 고민에 빠졌습니다. 순간 성령님께서 감동을 주셨고, 그 남자의 입장에서 생각을 하게 되었습니다. 내가 그 남자의 입장이 되어 생각해 보았습니다. 그때 내 마음에 감동이 일었습니다. '여자가 소리를 지르면 사람들이 올 테고 당황해서 더 칼을 휘두르니까, 침착하게 생각하면서 대처하라' 순간 마음이 평온해지고 냉정함을 찾으면서 담대한 마음이 생겼습니다. 그래서 차분한 목소리로 말했습니다.

"이제 소리 지르지 않고 당신 말에 따를 테니 때리지 말아요" 그랬더니 그 남자가 진정하면서 알았다고 했고 손가락도 지혈해 주며 얘기 좀 하면서 걷자고 하였습니다.

그래서 조용히 길을 따라서 걸으면서 나는 차분하게 대화를 시도하였습니다.

"지금 천일기도 중이라 새벽기도 가는 중인데, 이런 사람을 건드리면 어떻게 해요? 지금 이 순간 하나님이 지켜보고 계십니다. 하나님이 나를 건드리면 가만두지 않을 것이에요. 하나님의 사람을 건드리면 안 돼요." 그랬더니 그 남자가 앉아서 대화 좀 나누자고 하였습니다. 나는 순간 또 겁이 더럭 났습니다. 해코지를 당할까 봐 길가 쪽으로 뛰어가다가 다시 잡혀서 결국은 앉아서 이야기하게 되었습니다.

자초지종을 들어보니 원래부터 나쁜 사람은 아니었습니다. 평범한 청년인데, 인생 사는 게 너무 고달프고 가정사도 그렇게 안 되는 일이 너무나 많다보니, 일 끝나고 술 한잔 걸치고 걷다가 자기도 모르게 우발적인 행동을 하게되었다고 했습니다. 지금은 후회한다고 하면서 정말 미안하다고 하였습니다.

나는 그 남자의 이야기를 들으면서 인생이 너무나 불쌍하다는 생각이 들었습니다. 그 자리에서 성경 말씀을 전해주면서, 하나님을 믿어야 인생 문제가 풀린다고 하였습니다.
그 남자는 자기도 교회를 다녀봤다고 하였는데, 문제가 안 풀린다고 하였습니다. 나는 하나님과 예수님 증거도 하면서 우리 교회는 다른 교회와 다르니 와보라고 하였습니다.

나는 감동이 되어 그 남자를 위해서 축복기도를 해주었습니다. "전지전능하시며 천지 만물을 주관하시는 하나님. 참새 한 마리가 팔려 가는 것까지 다 주관하시며, 우리의 머리털 수까지 다 헤아리시는 하나님. 우리의 인생을 너무나 사랑하시어 불꽃 같은 눈으로 지켜보고 계시고, 도와주고 계시는데 지금, 이 순간, 하나님 바로 옆에서 이 기도를 들어주시며 함께하시지 않겠습니까? ~"하면서 그 남자의 영혼을 위해서 기도해주었습니다.

그랬더니 그 남자가 감동을 받고 고맙다고 하였습니다.

그러면서 내게 물었습니다. "이 새벽에 택시를 타고 가면 되지 위험하게 왜 걸어 다니세요?" "몇 번 택시를 타고 갔는데 돈이 많이 들고, 지금은 한 푼도 없어서 걸어가는 중이었어요."

그 남자는 지갑을 확인하더니, 만 원을 꺼내 주면서 "택시 타고 가세요."라고 하였습니다. 그래서 무사히 돌아올 수 있었습니다.

그리고 다친 곳은 다음날 병원을 가보니 의사가 정말 신기해했습니다. 찔린 상처 깊이가 3cm 이상으로 많이 다쳤는데, 다행히 신경이나 힘줄을 하나도 건드리지 않고 살만 다쳐서 꿰매기만 하면 된다고 하였습니다. "조금만 옆으로 스쳤어도 큰일 날 뻔했는데 정말 다행입니다."

정말 위험할 뻔한 순간 성삼위께서 함께하셔서 아무런 상함도 없이 생명을 지켜주심에 진심으로 감사드립니다. 나의 생명을 살려주신 하나님께 진정 감사드리며 영원히 하나님만 사랑하며 그가 원하는 일을 해드리며 살겠노라 다짐하며 고백합니다.

그 남자가 다리 밑에 아무도 보이지 않는 곳에 가더니 그제야 놔주었습니다.

나는 그 남자가 손을 떼자마자 젖 먹던 힘까지 다해서 아주 아주 큰소리로 목청껏

하나님, 성령님, 예수님을 불렀고, 당황한 그 남자는 칼을 휘두르면서

조용히 하라고 했습니다.

나는 손으로 막다가 오른손 엄지손가락과 검지 사이에 아주

깊은 상처가 났습니다.

이수진

어린이집 교사, 사회복지사. 벨리댄스를 좋아하며 마을 연극 활동도 하고 있습니다. 인생이 너무나 곤고하고 삶의 의미를 몰라 방황하며, 자살까지 결심했으나, 성경 말씀을 들으면서 인생 문제가 풀렸고, 하나님을 알게 되면서 참된 행복과 기쁨을 누리며 살고 있습니다. 많은 사람들이 진정한 삶의 목적을 깨닫고, 기쁨을 누리며 살아갈 수 있게 날마다 행복을 전하며 살아가고 있습니다.

7. 바람과 함께 사라질 뻔한 순간

– 박옥경 권사

20세의 젊은 날, 열정으로 가득 찬 대학을 마치고 신앙의 밤이 찾아왔습니다. 그때, 친한 대학 후배와 함께 설악산 대청봉으로 해돋이 등반을 떠나기로 했습니다. 90년대 중반, 그 시절엔 산악회가 신문 공고를 통해 해돋이 등반을 모집했고, 우리는 그렇게 만난 사람들과 버스를 타고 설악산으로 향했습니다. 평소라면 송구영신 예배를 드리고 있을 12월 31일 자정쯤 되는 시간이었습니다. 밤새도록 버스를 타고 갔습니다.

새벽 한계령에서 출발해 대청봉에서 해돋이를 보고, 오색약수터로 하산하는 코스였지만, 설악산은 눈이 많이 와 산길이 얼어붙어 있었습니다. 날씨는 흐리고 기온은 매우 낮았습니다. 겨울 산에 초보였던 우리는 함께 간 분들이 빌려준 아이젠을 신고 머리카락은 눈 쌓인 것처럼 하얗게 얼어붙은 채 걷고 있었습니다. 빌린 두건으로 머리를 덮었지만, 얼굴도 얼어버릴 것만 같았습니다. 겨울 산 등반의 완전 초보였던 우리는 챙겨간 간식조차 없이 배를 쫄쫄 굶으며 매우 힘들게 등반했습니다. 드디어 대청봉에 올라갔지만, 날씨가 흐려 해돋이를 볼 수 없었고, 대피소에도 넘치는 사람들로 가득 차서 쉬지도 못하고 사진 한 장만 찍고 하산을 하였습니다.

그런데 하산길이 얼어서 미끄럽고 해돋이 인파로 인한 병목 현상으로 산 꼭대기에서 한참을 멈추어 있었습니다. 거의 1시간 이상 멈추어 있다 보니 저체온 증상이 나타나고 너무너무 괴롭고 힘들었습니다. 정말 죽을 것만 같았습니다. 손발이 꽁꽁 얼고 움직이지도 못하고 너무 괴롭고 힘들어서 나도 모르게 마음속으로 살려달라고 기도를 했습니다.

'하나님, 저 죽을 것 같아요. 저 좀 살려주세요.'

잠시 후 막혀서 뚫릴 것 같지 않았던 하산길이 갑자기 뚫렸습니다. 알고 보니 앞서가던 사람들이 옆으로 새로운 길을 낸 것이었습니다. 두 길을 이용하니 병목 현상이 풀린 것이죠. 나도 새로 만들어진 길을 따라 내려가기 시작했습니다. 한참을 내려가다 절벽이 나타났습니다. 바위를 붙잡고 1명씩 옆으로 절벽을 건너고 있었는데, 갑자기 회오리바람 같은 세찬 바람이 불어왔습니다. 순간 내 몸이 휘청하며 앞으로 나아갔습니다. 그때 앞에 가던 아저씨가 내 손을 확 잡으면서 바위 쪽으로 밀어서 살 수 있었습니다. 너무 아찔한 순간이었습니다.

잠시 후 절벽을 지나 그 아저씨가 나에게 말했습니다.

"아가씨, 내가 붙잡지 않았으면 거기서 떨어져서 죽었어!"

그 말에 얼마나 무섭고 떨었는지 모릅니다. '죽을 수도 있었구나!' 너무 감사했습니다. 새벽부터 시작해서 오후 5시까지 산속에서 계속 걸어 내려오고 있었습니다. 겨우 목숨을 구하고 내려와서 저녁에 식당에서 TV를 보게 되었습니다. 뉴스에 바로 그날 설악산에서 등반하던 사람 중에 6명이 눈 속에 고립되어 저체온증으로 동사한 소식이 나오고 있었습니다. 그래서 나는 '산에서 정말 죽을 수도 있었구나. 정말 죽을 것인데 하나님을 불러서 살았구나' 깨닫게 되었습니다.

죽음에서 살아난 것을 실감하며, 다시 신앙의 길로 돌아와 살게 되었습니다. 죽음에서 살려주신 절대신 하나님께 영원히 감사의 영광을 드립니다.

바위를 붙잡고 1명씩 옆으로 절벽을 건너고 있었는데, 갑자기 회오리바람 같은

세찬 바람이 불어왔습니다. 순간 내 몸이 휘청하며 앞으로 나아갔습니다.

그때 앞에 가던 아저씨가 내 손을 확 잡으면서 바위 쪽으로 밀어서 살 수 있었습니다.

너무 아찔한 순간이었습니다.

죽음에서 살려주신 절대신 하나님께 영원히 감사의 영광을 드립니다.

박옥경

사진 전공, 자연의 아름다움을 닮고 싶고 인생의 아름다움을 전하며 살고 싶은 여자이자
세 자녀의 엄마입니다.

8. 자전거와 함께 논으로

– 임향한 장로

─────── 　시골의 겨울 풍경은 한 폭의 그림과 같았지만, 어머니가 시장에서 돌아오시는 길은 그림의 여백처럼 고단함이 배어 있었습니다. 그림에 채워지지 않은 공간처럼, 자전거 한 대가 그 공백을 메워줄 필수품이었습니다. 마을에서 학교나 약국, 버스 정류장까지 걸어서는 시간이 많이 걸리는 거리였으니까요.

　초등학교에 다니던 어린 시절, 나는 성인용 자전거를 혼자서 타기 시작했습니다. 부모님의 도움 없이, 집 마당의 턱을 이용해 올라타고, 넘어질 때마다 다시 일어나는 것을 반복했습니다. 균형을 잡기 위한 투쟁이었고, 매번의 넘어짐은 나에게 조금 더 나아가는 법을 가르쳐주었습니다.

연습은 곧 습관이 되었고, 나는 마당을 벗어나 마을 길을 달릴 수 있게 되었습니다. 그리고 어느 날, 어머니의 무거운 짐을 자전거에 실을 생각이 번뜩였습니다. 마을 길을 따라 달리던 자전거는 나에게 자유를 주었고, 어머니를 도와드릴 수 있다는 생각은 책임감을 부여했습니다.

그날, 어머니는 무거운 짐을 들고 오셨고, 나는 그 짐을 자전거에 싣고 집으로 돌아가기 시작했습니다. 겨울이었고, 길은 얼어붙어 있었습니다. 기쁜 마음에 페달을 열심히 밟으며 가다가 울퉁불퉁한 길에 의해 흔들리던 자전거가 넘어지며, 나는 2미터 아래 논으로 떨어졌습니다. 넘어진 채로 한참을 멍하니 있었습니다. '죽었나, 살았나, 어디 다친 곳은 없을까? 자전거는 타고 갈 수 있는 건가?' 수많은 생각들 속에 묻혀 일어날 수 없었습니다. 그래도 생각을 하고 있는 것을 보니 죽지 않았음을 알 수 있었습니다. 천천히 몸을 움직여 내 몸과 자전거를 살펴보았습니다. 위험한 순간이었지만, 다행히도 나와 자전거는 멀쩡했습니다. '아, 이 무슨 망신인가?' 제정신이 드니 창피한 감정이 올라왔습니다. 그래서 빠르게 일어나 길 위로 올라왔습니다. 그 사건은 아무도 목격하지 않았고, 나는 그 일을 수치로만 여겼습니다.

그날의 낙상은 수치심으로 남았고, 심지어 중학교에 입학해 사이클 선수가 된 후에도 그 기억은 나를 자꾸만 돌아보게 했습니다. 수치심이라는 가시덤불이 내 마음의 밭을 가로막았고, 성장을 방해하는 장애물이 되었습니다.

어느 날, 깊은 기도 가운데 깨달았습니다. 감사할 일을 감사하지 않으니 수치심으로 변해 인생의 방해꾼이 되었다는 걸요. 생각해 보면, 무거운 짐을 실은 자전거와 함께 얼어있는 2미터 아래의 논으로 떨어졌을 때 크게 다치거나 죽을 수도 있었습니다. 머리가 먼저 떨어져 뇌에 충격을 받았다면 큰일 날 뻔한 것이죠. 여러 상황을 생명의 구원자 하나님께서 다스리셔서 어린 생명을 지켜주셨다는 것을 알았습니다. 그런데 그것을 성인이 될 때까지 깨닫지 못하고 살아가니 그 마음 밭에 수치심이 조금씩 자라난 것입니다.

성경의 '범사에 감사하라'라는 가르침이 나에게 새삼스레 다가왔습니다. 사소한 일에도 감사하는 삶의 태도가 얼마나 중요한지를 깨달았습니다. 감사하지 않음으로 생긴 수치심이 어떻게 삶의 장애가 되는지를 이해하게 되었습니다. 감사하지 않으면, 마음의 밭에 부정적인 감정들이 자라나기 마련입니다. 이제 나는 하나님께 감사하는 마음으로 살아가려 합니다. 이런 사소한 것에도 감사의 마음을 갖고 살도록 이끌어 주신 목사님께도 감사를 드립니다.

'하나님, 너무 늦게 깨달았습니다. 늦게라도 깨닫게 해주셔서 감사합니다. 삶 가운데 감사하며 살아가겠습니다.'

감사의 빛이 사그라들 때, 수치심이란 잡초가 마음의 밭을 무성하게 덮습니다.

그림자 속에서 자라난 이 잡초는 뿌리 깊은 두려움을 낳고,

영혼을 짓누르는 무거운 짐이 됩니다.

하지만 감사의 씨앗 하나가 투명한 아침 이슬을 마시며 피어나면,

그 잡초는 거친 숨을 멈추고 사라집니다.

감사는 우리 내면의 땅을 경작하고, 희망의 꽃을 피우는 가장 선한 농부입니다.

임향한

인생의 발자취를 글로 남기며 그 글이 누구에겐가 선한 영향을 미치길 희망하며 배움을 나누며 살고자 하는 50대 남자입니다.

9. 기찻길이 내 인생의 종착역이 될 뻔

- 윤우용 목사

초등학교 5학년이었던 그 해, 아버지는 나에게 성인용 자전거보다 약간 작은 자전거를 선물해주셨습니다. 이미 아버지의 자전거를 빌려 집 주변을 쏘다니며 경험을 쌓았고, 마을 밖으로 나가 더 넓은 세상을 탐험하기 시작했습니다. 때로는 경사진 언덕을 내려오다가 페달에 발이 닿지 않아 안장 위에 몸을 올린 채로 질주하다가 브레이크를 잡지 못해 길옆 도랑에 추락하는 경험도 했습니다.

그러한 모험들에도 불구하고, 자전거를 타는 것은 내 삶의 큰 즐거움이었습니다. 아버지는 당시 충주 시내 중학교 선생님이셨고, 매일같이 자전거로 출퇴근하셨습니다. 매일 아침, 아버지의 자전거 페달을 밟는 소리는 마치 하루를 시작하는 드럼 소리와 같았습니다. 나는 그 소리를 들으며, 어느 날 나도 아버지처럼 충주 시내까지 자전거를 타고 갈 수 있으리라는 꿈을 키웠습니다.

아버지가 자전거를 사주신 그날 이후로, 나는 그것을 나의 날개처럼 여기며 마을 곳곳을 누볐고, 작은 사고들조차 나의 모험심을 꺾지 못했습니다. 아버지의 자전거 사랑은 점차 나에게 전해져, 자전거는 단순한 이동 수단이 아닌, 나의 동반자이자, 자유를 향한 열정의 상징이 되었습니다. 이렇게 자전거와 함께한 소중한 추억들은, 시간이 흘러도 변하지 않는 내 삶의 보물이 되었습니다.

6학년 여름방학, 아버지의 제안으로, 우리는 시내로의 자전거 여행을 계획했습니다. 자전거 타기에 자신감이 붙은 나는, 호기심 가득한 마음을 안고 기쁜 마음으로 아버지의 제안을 받아들였습니다. 나의 마음은 시내의 새로운 풍경들과 느낌을 경험하고 싶은 기대로 가득 차 있었습니다.

다음 날, 아버지와 나는 자전거를 타고 시내로 향했습니다. 햇살이 따사로운 아침, 우리는 가벼운 대화를 나누며 페달을 밟았습니다. 약 20분이 흐른 뒤, 우리는 초등학교 옆 철도 건널목에 도착했습니다. 아버지는 경험 많은 솜씨로 페달을 밟으며 건널목을 넘어갔지만, 나는 아직 초보자의 주저함을 벗어던지지 못했습니다. 그 순간, 건널목의 돌출된 침목에 내 바퀴가 걸렸고, 나는 균형을 잃고 넘어졌습니다.

무거운 심장 박동과 함께, 나는 넘어진 자리에 누워있었습니다. 그때, 산모퉁이를 돌아 기적 소리와 함께 기관차가 빠른 속도로 나타났습니다. 그 소리는 점점 커지며 내 귀를 울렸고, 두려움이 온몸을 휘감았습니다. 아버지는 자전거에서 내려 급히 뒤를 돌아보셨고, 그 눈빛은 공포와 긴장으로 가득 차 있었습니다. 위험한 순간이었지만, 아버지의 눈빛에서 나는 힘을 얻었습니다.

그 위험한 순간, 아버지는 마음속으로 갈등했습니다. '과연 나는 지금 달려들어야 하는가?'라는 생각이 머릿속을 맴돌았습니다. 하지만 그때, 예상치 못한 일이 일어났습니다. 나는 스스로도 믿기지 않을 정도로 자전거를 잡고 일어나 건널목을 벗어났습니다. 그 순간, 내 뒤를 기차가 요란한 기적 소리와 함께 지나갔고, 기관사는 우리를 향해 감사의 손짓을 보냈습니다. 아버지는 나중에 이 사실을 전해주시며, 그 순간의 감동을 나누셨습니다.

47년이 흘러 이 순간을 회상하며, 나는 그때 어린 나에게 힘을 주시고, 무사히 일어나 나올 수 있도록 도우신 전능하신 하나님께 깊은 감사와 영광을 돌립니다. 삶의 모든 순간에 감사하며, 모든 영광을 하나님께 돌리는 삶이야말로 죽음에서 살려주신 하나님에 대한 도리가 아닌가 생각합니다.

나는 넘어진 자리에 누워있었습니다. 그때, 산모퉁이를 돌아 기적 소리와 함께

기관차가 빠른 속도로 나타났습니다. 그 소리는 점점 커지며 내 귀를 울렸고,

두려움이 온몸을 휘감았습니다.

윤우용

1966년 춘삼월에 충북 충주라는 세상에 나왔습니다. 1988년 서울대학교 재학 중에 나머지 인생을 어떻게 살까 고민하다가 졸업 후에 신학교에 입학하였습니다. 그 후 국내 목회와 해외 선교의 경력이 있습니다. 그리고 세 아이의 부모로 열심히 살고 있습니다.

10. 내 생각에 이끌려 죽을 뻔한 사건

– 백충경 목사

——————— 여름의 절정에서 우리 교회 목사님과 몇몇 분들과 함께 나는 춘천교회 순회를 따라가고 있었습니다. 태양은 마치 불덩어리처럼 뜨겁게 빛나고 있었습니다. 목사님과 함께 다들 긴장되고 조금은 들떠있는 순회 길이었습니다. 그 더위는 우리 모두를 지치게 만들었습니다. 그러던 중, 목사님의 눈에 시원하게 흐르는 냇가가 들어왔습니다. 모두의 기분을 전환시킬 물놀이를 제안하셨다고 무전으로 연락이 왔습니다. 우리는 신바람 나게 그곳으로 향했습니다. 가로막던 더위를 잊고, 갓길에 차량을 세워 두고 냇가로 내려갔습니다. 그곳에는 콘크리트 보 아래, 맑고 차가운 물이 큰 웅덩이를 이루며 흐르고 있었습니다.

물속에서 장난치고 물장구를 치며 우리는 여름의 열기를 식혔습니다. 몇몇 남자 성도들은 보의 높이를 이용해 물웅덩이로 다이빙을 즐기고 있었고, 나도 그 유혹을 뿌리치지 못하고 보로 올라갔습니다. 그러나 보의 경사진 곳에는 물이끼가 덮여 있었고, 그 위로 흐르는 물은 그 경사를 더욱 미끄럽게 만들었습니다. 다이빙을 준비하며 이끼가 덮여 있는 경사 면을 발로 밟는 순간이었습니다. 나는 '앗!~' 소리와 함께 미끄러져 순식간에 뒷 머리통이 콘크리트 바닥에 부딪히고 의식을 잃었습니다.

얼마 동안 아무 의식 없이 있다가 차츰 의식이 돌아왔고, 눈을 떠보니 물이 반 뼘 정도 차 있는 콘크리트 바닥 위에 나는 하늘을 바라보며 누운 채로 떠 있었습니다. 하늘이 흐릿하게 보였고, 같이 간 동료가 내려다보며 괜찮냐고 묻고 있었습니다. 그의 얼굴에서는 당황과 걱정이 역력했습니다. 머리를 맞은 충격으로 정신을 차리기까지 시간이 걸렸지만, 결국 나는 스스로 일어나 앉았습니다.

그때 내 마음속에 번뜩이는 깨달음이 있었습니다. '사람이 죽을 수 있는 사고는 정말 순간이구나.' 그리고 그 순간마저도 세심하게 지켜주시는 하나님과 주님의 크신 은혜를 실감했습니다. 나는 가만히 앉아서, 이 모든 일이 왜 일어났는지, 내가 어떤 실수를 했는지를 생각했습니다. 다이빙할 생각만 했지, 보 경사면의 물이끼에 미끄러질 줄은 전혀 예상하지를 않았다는 것과 가장 중요한 것은 짧은 내 생각으로 목사님과 여러 사람과 같이하는 이타적인 생각보다 나만의 이기적인 행위가 실수인 것 같았습니다. 내 육신의 생명을 살려주신 하나님과 성령님과 주님께 더욱더 뜨겁게 뜨겁게 감사를 드렸습니다. 죄송한 마음을 가지고 다시 목사님과 여러 성도들이 함께 물놀이하는 물속으로 들어가서 안전에 신경을 쓰며 함께 물놀이를 했습니다. 이후 물놀이를 끝마치고 목사님과 함께 춘천교회 순회를 잘 마치고 돌아왔습니다.

며칠 후 목사님 말씀에 그날 비슷한 위험을 겪으셨다는 말씀을 듣게 되었습니다. 큰 물웅덩이 가운데는 발이 잘 닿지 않는 곳이 있었고 또 물이 소용돌이쳐 흐르는 곳에서 일어난 일이라고 하셨습니다. 그 소용돌이에 휩쓸려 너무 당황했고, 옆에 누가 있으면 잡으려고 했는데 가까이에 아무도 없어서 하나님께 기도하시면서 극적으로 얕은 물가로 수영해 나와 안전하게 되었다고 하셨습니다.

목사님의 말씀을 듣고 나는 깊은 죄송함을 더욱더 느꼈습니다. 짧은 내 생각의 행동이 얼마나 나와 주변의 생명들을 위험하게 하는지 자신을 되돌아보며, 그때의 경솔함이 어떠한 결과를 초래할 수 있었는지를 깨달았습니다. 우리의 행동 하나하나가 자신과 주변 사람들, 심지어는 우리가 믿는 하늘 앞에서 어떤 의미를 갖는지 깊이 생각할 필요가 있음을 반성하게 되었습니다.

이 사건은 하늘을 중심으로 하지 않은 자기중심적인 행동이 얼마나 큰 위험을 가져올 수 있는지를 절실하게 일깨워주었습니다. 그리고 이는, 우리의 삶에서 하늘의 의지를 따르고, 자신의 욕심을 경계하는 지혜를 항상 간직해야 한다는 중요한 교훈을 남겼습니다.

예수님께서 말씀하시길 "하늘에 계신 하나님처럼 온전한 자가 되어라.
주여, 주여, 한다고 다 천국 가는 것이 아니고 하나님 뜻대로 하는 자라야
천국에 들어간다." 이 말씀이 내 귓가에 들려오는 날이었습니다.

백숭경

1960년생, 전남 고흥. 온 세상 각 나라가 이상세계가 되어 살기를 바라는 꿈을 지니고 살았는데, 하나님과 성령님은 이 시대에 합당한 예수 그리스도의 사랑과 말씀만이 이상세계를 이룰 수 있음을 저희 교회 목사님의 삶을 통해서 삶으로 보여주시네요. 아멘!~ 감사합니다. 사랑과 말씀과 실천이어라.

11. 도로 위를 기어 다니는 아이

- 양선경 집사

──────── 나는 두 아들을 둔 엄마입니다. 일상은 언제나 예측할 수 없는 사건들로 가득 차 있습니다. 특히 둘째 아들이 걸음마를 시작하기 전, 기어 다니던 시기에 일어난 한 사건은 지금도 기억에 생생합니다. 당시 큰아이는 어린이집에 보냈고, 남편은 야간 근무로 인해 낮 시간에 집에서 휴식을 취하고 있었습니다. 그날은 특별히 은행 업무가 있어, 잠시 외출을 해야만 했습니다. 남편에게 둘째를 부탁하고 집을 나섰던 그 순간, 모든 것이 평범해 보였습니다.

은행 일을 마치고 집으로 돌아가는 길, 집 앞 가게의 주인 어머니께서 나를 불렀습니다. "새댁, 나한테 오늘 맛있는 거 사야겠어. 얼른 가게 들어와 봐."

'무슨 일이지?' 호기심에 가게 안으로 들어섰을 때, 예상치 못한 광경이 펼쳐졌습니다. 우리 둘째 아들이 가게 방 한쪽에서 기어 다니고 있었던 것입니다. 순간적으로 마음이 멈췄습니다. 어떻게 이런 일이 가능한 걸까요? 남편은 분명 집에 있었고, 아이는 거실에서 놀고 있어야 했습니다.

가게 주인 어머니의 이야기를 듣고 나니, 상황이 더욱 선명하게 그려졌습니다. 우리 둘째 아들이 차도를 기어 다니고 있었다는 사실에 심장이 멈출 것만 같았습니다. 가게 주인은 우리 아이가 위험한 도로에서 기어 다니는 모습을 목격하고는 놀라서 즉시 아이를 안아 올렸다고 합니다. 그분의 마음도 얼마나 조마조마했을까요? 아이를 안고 우리 집으로 달려가셨지만, 남편은 깊은 잠에 빠져 있었는지 아무리 큰 소리로 불러도 대답이 없었습니다. 결국, 아이를 안고 가게로 돌아오셨다고 합니다.

그날, 나는 집을 나서기 전에 방문을 꼼꼼히 닫고, 남편이 집에 있음을 확인하며 안심하고 은행 업무를 보러 갔습니다. 그러나 돌아오는 길에 이런 뜻밖의 상황이 연이어 펼쳐진 것입니다. 먼저, 집 앞 가게 주인 어머니의 호출이 있었고, 이어서 아이가 가게 앞 도로에서 발견되었다는 충격적인 소식을 접했습니다. 그리고 '무슨 일이지?' 하며 온갖 생각 속에 사로잡혀 집으로 돌아가는 길에 아이의 벗겨진 양말 한 짝이 눈에 띄었습니다. 이 모든 연결 고리가 어떻게 이어지는 걸까요?

집에 도착해보니, 야간 근무를 마치고 돌아온 남편은 이미 깊은 잠에 빠져 있었습니다. 돌이 채 되지 않은 아이가 어떻게 방문을 열었는지, 시골집 특유의 60~70cm나 되는 높은 마루를 어떻게 내려왔는지, 그리고 마루에서 대문까지 상당한 거리인데 그 거리를 어떻게 기어서 이동했는지에 대한 의문이 들었습니다. 대문을 어떻게 열었는지, 그리고 그 높은 대문 턱을 넘어 어떻게 밖으로 나갔는지에 대한 답은 찾기 어려웠습니다.

이 모든 사건은 단순한 호기심이나 아이의 탐험심에서 비롯된 것일 수 있습니다. 그러나 만약 그 순간 도로에 차가 지나가고 있었다면, 너무나 작은 아이가 기어가고 있으니 운전자가 아이를 발견하지 못했을 수도 있습니다. 그 생각만으로도 가슴이 철렁 내려앉는 끔찍한 상황이었습니다.

불꽃 같은 눈으로 생명을 살피시는 하나님께서 함께해주시지 않으셨다면 결코 어린 생명은 살 수가 없었을 것입니다. 귀한 생명을 살려주신 하나님! 진정 감사드립니다.

돌이 채 되지 않은 아이가 어떻게 방문을 열었는지, 시골집 특유의 60~70cm나 되는 높은 마루를 어떻게 내려왔는지, 그리고 마루에서 대문까지 상당한 거리인데 그 거리를 어떻게 기어서 이동했는지에 대한 의문이 들었습니다. 대문을 어떻게 열었는지, 그리고 그 높은 대문 턱을 넘어 어떻게 밖으로 나갔는지에 대한 답은 찾기 어려웠습니다.

양선경

1남 6녀의 막내딸로 태어나 부모, 형제 사랑받고 자랐으며, 현재는 한 남편의 아내 그리고 두 아들을 둔 엄마로서 살아가고 있습니다. 받은 사랑 이제는 나눠주는 사회복지사로 일하고 있고 매일 더 멋진 사람으로 살고 싶어 도전하며 살고 있습니다.

12. 삶을 향한 몸부림

– 주상대 목사

2022년 10월 4일 오후 4시 30분, 가을장마가 3일간의 세찬 비로 대지를 촉촉이 적시고 난 뒤, 나는 복잡한 마음을 달래기 위해 한 골짜기의 평온을 찾아 나섰습니다.

각종 작업 도구를 보관하는 창고 뒤, 물이 흐르고 있는 절벽 위에 으름 열매가 있는 것을 발견한 순간, 갑자기 목사님께 드리고 싶다는 생각이 들었습니다. 무의식적으로 절벽 위에 섰을 때, 으름을 손에 넣으려는 순간, 발아래 이끼 낀 바위가 비의 영향으로 미끄러웠고, 나는 3미터 아래 바위 위로 추락했습니다.

의식이 사라진 듯한 5~10분가량의 침묵을 깨고 나는 현실로 돌아왔습니다. "사람 살려! 사람 살려!" 나오지도 않은 목소리로 외쳤지만, 주변을 가득 채운 개울의 물소리만이 내 절규를 흡수해 버렸고, 나의 외침은 허공에 흩어졌습니다. 그날은 오고 가는 사람이 없는 상황이었습니다. 외로움과 절망이 교차하는 그 순간, '이렇게 마냥 있다가는 죽을 수밖에 없겠구나' 하는 생각이 내 마음을 짓눌렀습니다. '이대로 끝나는 건가?' 그러나 포기란 없었습니다. "하나님 살려주세요!"라고 외쳤을 때 저 멀리, 희망의 실마리처럼 보이는 철계단을 발견했습니다. 나는 깨달았습니다. '만신창이 된 몸이지만 질질 끌고 올라가야만 살겠구나!'

하나님과 성령님, 그리고 주님의 이름을 간절히 부르며, 가족의 얼굴을 떠올리는 것만이 내 유일한 위안이었습니다. 몸은 이미 한계를 넘어섰지만, 정신만큼은 꺾이지 않았습니다. 각 계단마다 내 존재의 모든 것을 걸고, 한 계단 한 계단, 삶을 향해 몸부림쳤습니다. 의식을 잃고, 다시 깨어나는 것을 반복하는 과정에서, 나는 인간의 한계를 시험했습니다. 마침내, 도로에 도달했을 때, 그것은 단순한 생존이 아니라, 불가능해 보이는 상황에서도 희망을 찾아내는 정신력의 진정한 승리였으며 전능자 하나님의 보호하심이었습니다.

그러나, 도로 위의 외로움은 또 다른 시험의 시작이었습니다. 오가는 사람은 보이지 않았고, 목소리는 이미 힘을 잃어가고 있었으며, 비옷을 입은 나의 모습은 버려진 비닐처럼 보여 소리를 내지 않으면 아무도 알 수 없는 형태로 널브러져 있었습니다. 그럼에도 불구하고, '사람 살려! 사람 살려!'라는 절박한 외침은 포기하지 않았습니다. 마침내, 그 외침이 지나가던 관리인의 귀에 닿았을 때, 그것은 절망 속에서도 절대 포기하지 않는 인간의 의지와 희망의 증거였습니다.

병원으로의 긴급 이송, 중환자실의 긴장감 가득한 분위기 속에서, 의사는 내 몸을 면밀히 검사한 끝에, 생명을 지탱하는 핵심 뼈들이 무사하다는 놀라운 소식을 전했습니다. 머리를 부딪쳤다면 생명을 잃었을 텐데, 다행히도 옆구리와 갈비뼈 12개가 부러지고, 골반뼈가 골절되며, 폐가 찌그러지고 비장이 손상되는 중대한 부상을 입었지만, 기적적으로 목숨을 구할 수 있었습니다. 이 모든 순간은, 나에게 있어서 단순한 생존을 넘어선 의미였습니다. 어둠 속에서도 빛을 발견하는 법, 가장 어려운 상황에서도 절대 포기하지 않는 힘을 내 안에서 찾아낸 경험이었습니다. 그것은 인생에서 가장 절망적인 순간조차도 극복할 수 있는 불굴의 의지와 희망의 실체를 깨달은 시간이었습니다.

어느 정도 회복될 즈음 그 골짜기 사연을 듣게 됐습니다. 2020년 가을 목사님께서 '이곳도 청소해야 한다. 잡초도 뽑고 위험하니 철계단도 설치하라'라고 하셨다는 말씀을 듣고 온몸에 소름이 돋았습니다.

미리 앞날을 아시고 미리 준비해주시고 예비해주셔서 나의 생명을 살려주신 하나님께 감사드립니다. 죽음의 골짜기에서, 사경을 헤매는 중환자실에서 건강하게 회복될 때까지 쉼 없이 지켜주신 성삼위께 진정 감사드립니다.

몸은 이미 한계를 넘어섰지만, 정신만큼은 꺾이지 않았습니다.

각 계단마다 내 존재의 모든 것을 걸고, 한 계단 한 계단, 삶을 향해 몸부림쳤습니다.

주상대

67년생, 경남 창원 출생. 공허하고 방황하던 인생에 ~~ 1991년 10월 스물다섯 살 어느 날, 전도되었고 그 후 주님의 참된 사랑을 성지 땅에서 발견하고 바로 스물여섯 살부터 성지 땅 식당 주방을 맡아 성전건축예술가의 삶을 2022년 9월까지 사역하다 사고 이후 퇴직하여 지금은 몸을 힐링하며 조금씩 체력을 회복해 가며 그동안 보지 못하고 느끼지 못했던 새로운 삶의 일부분을 눈으로 보고 체험하고 사는 묘한 재미를 느끼며 살아가고 있는 성실 끈기 남으로 제2의 인생은 그동안은 손 맛으로 사람의 마음을 녹였다면 지금은 주님의 사랑을 행실의 맛, 입맛으로 맛있게 멋지게 증거하며 살아가고 있습니다.

13. 생과 사의 기로에 선 5분

- 배기철 장로

——————— 2022년 9월 22일, 화물차 기사로서의 경력이 6년 차에 접어든 가을이었습니다. 강원도 정선에서 부산의 반여동 농산물 센터로 운송할 알타리무 3톤을 싣는데 하루 종일 걸렸습니다. 그날 아침, 차를 몰고 정선과 태백을 넘어서는 국도 위에서, 가을의 차가운 바람이 얼굴을 스쳐 지나갔습니다. 가을바람을 맞으며 드라이브를 즐기듯 운전을 하는데 예상치 못한 일이 발생했습니다. 산 비탈길을 내려오는 도중, 차량의 속도가 점점 빨라지기 시작했습니다. 브레이크를 세게 밟아도, 속도는 조금도 줄어들 기미를 보이지 않았습니다. "이게 무슨 일이지?" 브레이크가 전혀 작동하지 않는 것입니다. 저속 기어로 바꾸려 시도했지만, 아무런 변화가 없었습니다. 마음속 깊은 곳에서 불안이 치솟았습니다. "대체 어떻게 하지?" 내가 알고 있

는 모든 가능한 해결책을 동원해보았지만, 상황은 조금도 나아지지 않았습니다. 위기였습니다.

그 순간, 마음속에서 절박한 기도가 터져 나왔습니다.
"하나님, 예수님, 제발 저를 도와주세요!"
마음이 고요해질 틈도 없이, 나는 속으로 계속 하나님과 예수님을 부르며, 가족들에게 기도를 부탁하기 위해 전화를 걸었습니다. 전화기 너머로 들리는 가족의 목소리는 불안으로 떨리고 있었습니다. "지금 큰일 났어. 제발, 모두 기도해줘. 내 차가 멈추지 않아."

내리막길을 내려오는 그 5분은, 시간이 정지된 것처럼 무한히 길게만 느껴졌습니다. 각 초가 마치 무거운 돌처럼 내 마음을 짓누르며, 불안과 긴장이 수없이 교차하는 순간들이었습니다. 생각의 속도는 차량의 속도를 앞지르며, 모든 것이 초조함과 두려움으로 가득 차 있었습니다. 그 짧은 시간 동안, 내 마음속에서는 수천 가지 생각이 폭풍처럼 몰아쳤습니다. 그렇게 하나님을 많이 불러본 적도 처음이었습니다. "하나님, 제발 멈출 수 있게 해주세요." 주변은 조용했고, 다행히 앞차도, 뒤따라오는 차도 없는 외진 시골길이었습니다. 마침내, 거의 기적적으로 차량이 멈춰 섰습니다. "감사합니다, 하나님! 감사합니다!" 전화기 너머 가족들의 안도의 숨소리와 함께, 나는 그 극적인 위기에서 무사히 벗어날 수 있었습니다.

나중에 알고 보니 내리막이 심해 브레이크를 많이 밟다 보니 라이닝이 열

받은 현상이었습니다. 이후에는 이동로에 급경사가 있는 도로이면 시간이 더 걸리는 돌아가는 도로일지라도 안전한 평지도로로 운행하고 있습니다. 이 모든 상황을 주관하시고 한순간 사라질 뻔한 목숨을 지켜주신 하나님께 진정으로 감사드립니다.

내리막길을 내려오는 그 5분은, 시간이 정지된 것처럼 무한히 길게만 느껴졌습니다.

각 초가 마치 무거운 돌처럼 내 마음을 짓누르며, 불안과 긴장이 수없이

교차하는 순간들이었습니다. 생각의 속도는 차량의 속도를 앞지르며,

모든 것이 초조함과 두려움으로 가득 차 있었습니다.

배기철

화물차 운전직, 낭만을 싣고 전국을 누비며 신바람 나게 사는 사람입니다. 1974년 경북 고령 출생, 기독교 3대 집안에서 태어나 삶의 가장 고비였던 10대 후반에 귀한 하나님의 뜻을 발견하고 열심히 살고 있습니다.

"오늘이라는 선물은 하나님이 주셨습니다"

이 책의 마지막 페이지를 넘기며, 우리는 죽음의 순간에서 살아남은 수많은 사연을 함께 공유했습니다. 이야기마다 숨겨진 강인함, 믿음의 힘, 그리고 삶을 향한 군건한 의지가 우리의 마음에 울림을 주었습니다. 이러한 이야기들은 단순한 '운' 이상의 것이었습니다. 이것은 인간의 영혼 깊숙한 곳에서 발현된, 삶을 향한 절대적인 사랑이었습니다.

이 책을 통해, 하나님께서 주신 '오늘이라는 선물'의 진정한 가치를 되새기게 되었습니다. 죽음과 맞닿은 순간들을 통해, 삶의 소중함과 감사해야 할 이유를 다시 한번 깨달았습니다.

독자 여러분도 이 이야기들을 통해 자신의 삶을 되돌아보게 될 것입니다. 자신이 겪었던 어려움과 그 속에서 찾은 교훈들을 반추하며, 이 책 속 인물들과의 깊은 연결고리를 느낄 수 있기를 바랍니다. 우리 각자는 삶의 도전을 경험하며, 그 과정에서 자신만의 가치를 찾아가고 있습니다.

이제, 우리는 '운 좋았다'라는 말을 넘어서, 생명의 주관자이신 하나님께서 우리에게 주신 '오늘'이라는 선물에 대해 깊은 감사의 마음을 가져야 합니다. 삶은 우리에게 시련을 줄지라도, 그것을 통해 우리는 더욱 성장하며 의미 있는 존재로 거듭납니다.

독자 여러분, 이 책이 여러분에게 희망과 사랑의 메시지를 전달해 드릴 수 있기를 바랍니다. 우리의 삶이 얼마나 소중한지 잊지 마십시오. '오늘이라는 선물은 생명의 주관자 하나님이 주셨습니다'라는 말은 삶을 통해 배우고, 성장하며, 사랑하는 과정에서 오는 깊은 감사의 표현입니다.

진심으로 감사드립니다.

'오늘'이라는 선물

강빛나: 나를 정말 사랑하시는 하나님을 깨닫습니다. 누군가 날 위해 기도해주셔서 1978년 해방둥이로 태어났고 1월 14일 영광을 돌릴 수밖에 없는 인생임을 시인합니다. 그 누군가는 내가 평생에 기다렸던 예수님임을 시인하고 그 예수님이 다시 오셨음을 시인합니다. 이 몸 가지고 살아도 주를 위해 죽어도 주를 위해 하나님의 뜻의 역사를 찬란하게 하렵니다.

강선희: 한 번쯤이라도 책으로 하나님을 증거하고 싶었습니다. 그런데 나에겐 이루어질 수 없을 거로 생각했습니다. 혼자 한 권의 책을 발간하는 것만 생각했기 때문입니다. 내 생각과 하늘 생각은 달랐습니다. 이렇게 나의 기도를 이루어 주신 하나님께 감사드립니다.

김경택: 오늘날 내가 존재할 수 있는 것은 지난 수많은 날 하나님께서 도와주셨다는 것에 감사드릴 수 있는 계기가 되었습니다. 하나님을 더욱 믿게 되고 사랑할 수 있음을…

김명수: "아! 오늘도 내 육신이 죽지 않고 살아서 돌아왔구나!" 일과 후 집 현관문을 여는 순간 느끼는 나의 감정이다. 나의 생명이 꼭 죽을 것인데 산 것이 어찌 이것뿐이랴. 나를 살려주신 분에 대한 나의 경의는 오직 감사 감사 감사다.

김진영: 하나님이 우리를 보호하지 않았다면 지구상에 살아 있는 사람은 없었을 것이라고 합니다. 지금까지 살면서 죽음에서 살려준 경험들은 너무나 많고, 그중에는 내가 전혀 알지 못한 것들도 많을 것입니다. 세 살 때 주인집 아이가 밀어서 옥상에서 떨어졌는데 다행히 다치지 않았었고, 초등학교 5학년 때는 많이 아파서 입원을 했었지만 낫지 않아 퇴원 후 외할머니가 다니시는 교회에서 기도를 받고 회복된 경험이 있습니다. 살면서 어려움도 있지만 그럴지라도 육이 살아 있을 때 영을 잘 만들려 노력하며 감사함을 느끼며 살아가고 있습니다.

박수온: 글로 사연을 정리해보니 이런 일도 있었구나 하고 더 감사하는 시간이 되었습니다. 이번 경험을 계기로 앞으로도 사연들을 정리하고 곱씹으며 감사 영광 돌리겠습니다.

박옥경: 글을 쓰면서 내가 알았거나 알지 못하는 매 순간 나를 그 어떤 위험한 죽음의 순간에서도 살려주신 하나님께 다시 한번 감사드리는 시간이 되었습니다.

백승경: 죽음에서 살아난 간증 글을 써보니, 내가 과거에 죽음의 문턱을 넘어가다 다시 살아 넘어와, 많은 것을 반성하고 깨닫고 이렇게 살지 않겠다 결심했지만, 시간이 많이 흘러 그때를 다 잊고 살고 있었습니다. 다시 생명을 살려주신 성삼위와 주님께 잃어버린 감사를 다시 드리게 되었습니다. 마음을 가다듬을 수 있는 어마어마한 기회가 되었습니다. 자주 기회를 만들어 글을 써야겠다는 결심을 하게 되었습니다. 함께한 모든 분께 감사합니다.

서용연: 17년 전인 2007년 영진교회 목회 시절 이야기라서 그때 일을 까마득히 잊고 있었는데 다시 기억하고 보니 '정말 아찔한 순간이었구나' 생각됩니다. 뇌진탕으로 죽을 수 있는 확률이 높았지만 살았으니 하나님 보호하심이라 감사드립니다.

양선경: 하나님을 만나지 못한 삶을 살았다면 지금 어떻게 살고 있을까? 감히 상상이 안 되네요…! 하나님을 나의 하나님으로 만나기까지는 참으로 많은 사연이 있었습니다. 죽음도, 슬픔도, 암담함도, 걱정도, 허무도…, 그러니 나의 나 된 것은 오직 하나님의 은혜요, 사랑임을 고백 드립니다. 꼭 죽을 인생을 이제는 하나님을 빼놓고는 감히 상상할 수 없는 기적 같은 인생을 살아가니 매일 감사와 기쁨입니다. 이제는 그 사랑 세상의 빛이 되어 전할게요. 하나님~~~ 사랑해요. ^^

윤우용: 47년 전 기억을 소환하니 자못 하나님의 역사하심과 사랑하심이 갑절로 현실에 다가왔습니다. 오늘 현재도 그와 같이 사랑하심이 깨달아지는 순간입니다.

이수진: 하나님께서 나를 얼마나 사랑하시며, 불꽃 같은 눈으로 나를 늘 지켜보고 계시는지, 1분 1초도 하나님 도움 없이는 살아갈 수 없음을 다시 한번 실감하는 계기가 되었습니다. 영원한 나의 사랑의 존재자, 전지전능하신 하나님을 알고 그의 사랑의 대상체가 되어 살아가게 해주심에 진실로 감사드리며, 많은 사람이 하나님의 사랑을 깨닫고 살아갈 수 있게 증거하며 사는 삶을 살겠노라 고백합니다.

이형: 이 책을 쓰면서 나의 인생을 뒤돌아볼 수 있는 계기가 되었으며, 매 순간 하나님께서 함께해주셨다는 것을 깨닫게 되었습니다. 불행하다고만 생각했던 인생이 이토록 기쁘고 행복할 수 있다니. 이것은 나의 인생에 있어서 기적과도 같은 일이었음을 고백 드립니다. 나의 인생을 구원해주신 하나님께 평생 감사드리며, 사랑하며 살겠습니다. 하나님! 감사합니다. 사랑합니다~♡

이주현: 얼마나 세밀히 챙기시면서 사랑하시는지 하나님의 사랑을 다 알아드리지 못해 죄송하면서도 너무 감사합니다. 오늘도 살아 있음, 이 자체가 하나님의 사랑이며 오늘도 감사하는 첫 번째 이유입니다. 더 알아드리면서 오직 감사와 사랑의 인생으로 매일 차원 높여가는 인생이 되면 좋겠습니다.

이종민: 인간의 머리로 가늠하기 힘들 정도로 광대한 우주를 창조하신 하나님을 깨달아가는 과정이 참으로 드라마틱하다는 것을 느끼게 됩니다. 인생의 한계점에서 필연(?)의 만남이 무지몽매한 자를 일순간에 영계와 육계를 이해하게 하시고 수도 없이 성삼위 하나님과 메시아 예수님의 그 엄청난 가치를 깨닫게 하시니 인생의 목표를 천국으로 정하게 되었습니다.

임향한: 나보다 나를 더 사랑하는 생명의 주관자 하나님을 늘 생각하며 함께 살아가야 함을 깨달았습니다.

전민아: 순간 졸음운전으로 일어난 사고! 건강이 회복되는 데 오랜 시간이 필요했지만, 나의 생명이 살아 있도록 도우신 그 사랑에 더욱 감사하는 소중한 기회였습니다.

정대갑: 4남 2녀 중 다섯째로 태어나 어머니, 중1 때 돌아가시고 아버지, 홀로 우리를 키워주시고 아버지의 사랑을 듬뿍 받고 그 사랑 다시 채워 드리지 못하고 돌아가셨는데… 결혼해 아들 둘 키워보니 아버지 어머니 그 사랑이 생각이 납니다. 죽을 수밖에 없는 내가 단지 운이 좋았다고 생각했는데… 나를 살려주신 분이 하나님이심을 고백합니다. 사람을 통해 역사하시는 하나님, 감사합니다. 사랑합니다.

주상대: 천지를 창조하신 하나님의 세계가 뜨겁게 가슴에 와닿는 계기가 됐습니다. 모든 세상이 아름답게 느껴지고 이 아름다운 만물을 통해 살려주신 것과 생명의 소중함을 깨닫고 인생의 깊은 비밀인 사랑의 세계를 이루며 창조목적을 이루며 살게 해 주신 귀한 삶에 감사를 드리며 하나님 없인 살 수 없는 인생 되게 해 주신 주님과 성삼위께 감사 영광 드립니다.

최태명: 때가 되니 인생길 가면서 성삼위 하나님께서 함께하시고 도우셨던 많은 사연을 기억나게 해주시고 기록되게 해주셔서 감사드립니다.

하영주: 이 지구촌에 존재하는 모든 생명체는 하나님을 믿건 안 믿건 간에 죽음에서 살려주신 절대신이 있기 때문에 지금 존재한다고 했습니다. 내 인생도 돌아보면 감사한 순간들이 많습니다. 감사는 받은 것에 대한 은혜를 갚는 기본이기에 감사하는 마음으로 글을 썼습니다. 아찔했던 순간이 다시금 전해져서 더욱 하늘께 감사, 사랑, 영광 돌리면서 평생을 살아야겠다고 다짐해 봅니다. 사고가 나서 구해주시고, 병이 나서 낫게 해주신 것도 있지만 사고날 것을 피하게 하시고, 나쁜 사람 안 만나게 해주시고, 병이 심각해지기 전에 발견하게 해주시는 등 하나님은 우리가 인지하지 못할지라도 은밀히 더 도우시고 보호해주시고 지켜주심이 많았을 것을 시인하며 감사 영광 돌립니다. 감사합니다. 사랑합니다.

한근수: 영으로 다시 오신 예수님과 그 육이 되어 행하시는 사명자의 가치를 더욱 깨닫게 되었으며 생명을 선물로 받았으니 성삼위께 더욱 온전한 사랑을 드려야 되겠다고 결심했습니다.

이제, 운 좋았다고
말하지 않을 거예요

초판인쇄 2024년 05월 31일
초판발행 2024년 05월 31일

기 획 임승탁
지은이 강빛나 외 22명
펴낸이 채종준
펴낸곳 한국학술정보(주)
주 소 경기도 파주시 회동길 230(문발동)
전 화 031-908-3181(대표)
팩 스 031-908-3189
홈페이지 http://ebook.kstudy.com
E-mail 출판사업부 publish@kstudy.com
등 록 제일산-115호(2000. 6. 19)

ISBN 979-11-7217-356-2 03230